VIVIAN KÖNIG

WAS DEIN BABY DIR SAGEN MÖCHTE

Hunger, Bauchweh, Windel voll – Babylaute, Mimik und Gesten richtig deuten

humboldt

INHALT

BABY-SIGNALE VERSTEHEN LERNEN

Babys können noch nicht sprechen, trotzdem bringen schon Neugeborene ihr Befinden und ihre Bedürfnisse zum Ausdruck – über ihr Verhalten. In diesem Kapitel lernst du, die Signale deines Babys richtig zu deuten.

Das Bedürfnis nach sozialem Kontakt und Austausch wurde jedem von uns in die Wiege gelegt. Zuwendung ist für uns Menschen vom ersten Lebenstag an genauso wichtig wie Essen, Schlaf und das Bedürfnis nach Geborgenheit.

Dein Baby weint, wenn es Hunger hat oder müde wird: So klein, wie es ist, findet es alleine noch nicht in den Schlaf. Auch bei Angst, Schmerzen, Wut oder wenn es sich krank fühlt, braucht es deine liebevolle Begleitung. Weinen ist, neben Mimik, Gestik und allgemeiner Körpersprache, seine Möglichkeit, dich um Hilfe zu rufen. Die Möglichkeiten des kindlichen Ausdrucksverhaltens wollen wir in diesem Kapitel näher beleuchten. So lernst du, auf die körpersprachlichen Botschaften deines Babys sinnvoll zu reagieren.

Das Gefühl, dein Kind zu verstehen und ihm nah zu sein, ist für dich als Elternteil nicht nur bereichernd. Du legst mit deiner gezielten Zuwendung auch die Grundlage dafür, dass dein Kind später als selbstbewusster Mensch seinen Weg ins Leben finden kann.

Was sagt die Körpersprache deines Babys?

Wenn du die Signale deuten kannst, die dein der Sprache noch nicht mächtiges Baby äußert, kann das den Alltag im ersten Lebensjahr erheblich vereinfachen. Durch aufmerksame Beobachtung lernst du dein Kind bald besser verstehen.

Das folgende Einmaleins der Körpersprache von Babys zeigt dir, worauf du achten solltest und was deinem Kind helfen kann.

Dein Baby nuckelt an Fingern, Faust oder Tuch: „Ich brauche Ruhe!"

Dieses Beruhigungssaugen signalisiert oft Müdigkeit oder dass dein Baby eine Verschnaufpause benötigt, wenn es durch viele Reize angespannt ist.

Dein Baby nuckelt schmatzend, macht Suchbewegungen mit dem Köpfchen, wird unruhiger und beginnt zu weinen: „Ich habe Hunger!"

Dein Baby sucht die Milchquelle. Lege es zum Stillen an oder gib das Fläschchen. Zum Testen, ob es hungrig oder müde ist, mit dem Finger sanft den Mundwinkel berühren. Saugt dein Kind fest, braucht es Nahrung. Saugt es nur leicht, braucht es Schlaf.

Überstreckter Rücken: „Mir tut etwas weh!"

Meist in Verbindung mit heftigem Weinen ist der überstreckte Rücken ein Anzeichen für Schmerzen. Häufig kommt das während oder nach dem Milchgeben vor, weil das Baby Bauchweh oder Sodbrennen hat. Das Überstrecken verschafft deinem Kind ein wenig Linderung. Wenn dies öfter auftritt, den Kinderarzt um Rat fragen.

Geballte Fäuste: „Ich habe Stress!"

Die Händchen zeigen die Anspannung, unter der der ganze kleine Körper steht, entweder vor Schmerz, Angst oder Überreizung. In Ruhe und Geborgenheit kann es wieder entspannen. Am besten trägst du dein Baby eine Weile. Allerdings mag nicht jedes Kind dabei kuscheln. Manche brauchen einfach nur eine Weile inneren Rückzug, anderen hilft ein Tapetenwechsel, indem man gemeinsam den Raum verlässt oder kurz frische Luft schnappt. Sorge generell für einen regelmäßigen Tagesablauf und genügend erholsame Schlafphasen.

Locker geöffnete Fäuste und wacher Blick: „Ich bin entspannt!"

Ich bin aufnahmefähig, ausgeruht und für etwas Ansprache oder Spielzeug bereit. Dein Baby freut sich und zeigt dies auch durch emsiges Strampeln mit Armen und Beinen. In diesem Moment tut ihm deine Zuwendung gut und es möchte Kontakt.

Zur Kugel gekrümmt: „Ich habe Bauchweh!"

Heftiges Bauchweh plagt den kleinen Menschen. Eine warme Hand auf dem Bauch und jemand an seiner Seite, der ihm beisteht und ihn durch den Schmerz hindurch begleitet, sind nun wichtig.

Steife und gestreckte und/oder angezogene Beinchen: „Ich habe Bauchweh!"

Koliken, Verstopfung oder Krämpfe im Bauch versucht dein Baby durch Strecken oder Anziehen der Beine (zum Teil im Wechsel) loszuwerden. Wenn du sanft seinen Bauch im Uhrzeigersinn massierst oder es im Fliegergriff trägst, linderst du seine Schmerzen.

Kopf wegdrehen: „Ich habe genug!"

Zeit für eine Pause vom Spiel. Dein Baby versucht Gegenständen, die ihm zu nahe kommen, aus dem Weg zu gehen oder Reize abzuschalten, die ihm zu viel werden. Gönn deinem Kind Ruhe zum Verarbeiten.

An den Ohren ziehen oder die Augen reiben: „Ich bin müde!"

Das sind Müdigkeitssignale, höchste Zeit fürs Bett. Leg dein Baby rasch hin, bevor es übermüdet und schwerer zu beruhigen sein wird.

Arme zur Seite werfen: „Ich habe mich erschreckt!"

Schreckreflex, der auch oft in Schlafphasen auftritt. Sorge tagsüber dafür, dass dein Baby nicht zu vielen unterschiedlichen Reizen – Geräuschen, Menschen, Unternehmungen – ausgesetzt ist. In den ersten Lebensmonaten kann das Baby sie nur schwer verarbeiten.

Zusammengekniffenes Gesicht, sodass Falten entstehen: „Ich bin krank!"

Oft zeigt es diesen Ausdruck bei Schmerzen oder in Verbindung mit einem blassen oder hochroten Gesicht, Schwitzen und anhaltendem schrillen Schreien. Manche Babys jammern auch nur schwach vor sich hin. Ist dein Kind anders als sonst oder unverhältnismäßig lange kaum zu beruhigen, solltest du sicherheitshalber zum Kinderarzt gehen.

Schläft mit nach oben abgewinkelten Armen und geöffneten Fäusten: „Ich schlafe fest!"

Nicht stören, dein Baby ist in der Tiefschlafphase.

Im Schlaf bewegen sich die Augen unter dem Lid und die Fäuste sind geschlossen: „Ich träume!"

Diese Schlafphase ist sehr leicht. Sorge deshalb für Ruhe, denn Geräusche oder Bewegungen wecken dein Baby nun unvermittelt auf.

Wie liest du die Mimik deines Kindes?

Mit deiner bisherigen Lebenserfahrung kannst du sicherlich ganz gut Gefühle und Stimmungen in den Gesichtern anderer Menschen lesen. In den ersten Wochen entwickelst du sensible Antennen für die Stimmungen und Regungen deines Babys. Es wird dir durch seine unverstellte Mimik zeigen, was es will. Die Fähigkeit dazu wird jedem Menschen von Natur aus mitgegeben. Wissenschaftler fanden sogar heraus, dass die Mimik Neugeborener über alle Kulturkreise hinweg gleich ist. Du könntest also genauso die Mimik eines Babys von Aborigines oder Chinesen lesen.

FREUDE, TRAUER, WUT, EKEL, ANGST, ÜBERRASCHUNG

Für diese sechs grundlegenden Emotionen ist uns die Mimik angeboren: Wir müssen diese Gesichtsausdrücke nicht erlernen, sondern zeigen sie ganz automatisch. Schon Babys tun dies innerhalb der ersten Lebensmonate.

Dein Baby reagiert ab dem Alter von zwei Monaten ganz subtil auf deine Emotionen und spiegelt sie. Es liest sie von deinen Augen und deiner Mundhaltung ab und erkennt, ob du traurig bist, ärgerlich, schläfrig, unaufmerksam oder ob du etwas ablehnst. Statische Gesichter, in denen so ein kleiner Wicht nur Leere und Teilnahmslosigkeit sehen kann, beunruhigen ihn – genauso wie interaktionsloses Verhalten.

Wenn es sprechen lernt, achtet dein Baby genau darauf, was deine Lippen machen. Schon drei Monate alte Babys stellen eine Verbindung her zwischen dem, was sie hören und dem, was sie als Sprechbewegungen bei dir sehen. Sie runzeln die Stirn, wenn man ihnen Videos von Menschen zeigt, bei denen die Lippenbewegungen nicht mit den gesprochenen Wörtern zusammenpassen. Schau dein Baby also frontal an, damit es deine Augen, deine Mimik und deinen Mund gut wahrnehmen kann. Das Abschauen von deinen Lippen hilft deinem Baby auch, Gesprochenes zu entschlüsseln, die Laute seiner Muttersprache herauszufiltern und sich später darauf zu spezialisieren.

DAS ERSTE LÄCHELN

Genau 46 Wochen nach ihrer Zeugung lächeln Babys erstmals andere Menschen an. Es ist sogar egal, ob sie vor oder nach dem errechneten Geburtstermin oder als Frühchen zur Welt kamen. Was Studien so alles zutage fördern ... Jetzt weißt du jedenfalls, wo du das Kreuz im Kalender machen kannst.

Erst wenn Kinder größer werden, verfeinert sich ihre Mimik und sie passen ihr Mienenspiel mehr und mehr dem der Erwachsenen an – vorwurfsvolle Blicke, Augen verdrehen, ironisches Grinsen, Stirnrunzeln inklusive.

Mimik ist einerseits angeboren. Andererseits wird sie erlernt und dann absichtlich aufgesetzt. Der erlernte Teil der Mimik ist kulturell geprägt und entwickelt sich schrittweise ab dem sechsten Lebensmonat bis ins Grundschulalter.

Mimik-Quiz

Schau dir mal die Fotos
der verschiedenen
Gesichtsausdrücke an:
Kannst du alle entschlüsseln?

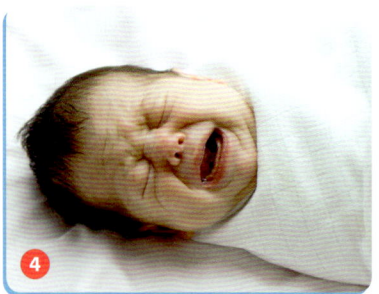

Lösungen (von Seite 14/15)

1 *Das Baby gähnt: Es ist müde.*

2 *Das Baby lächelt: Es ist kontaktfreudig und aufnahmebereit. Diese Mimik ist nach etwa drei Wochen im Wachzustand zu beobachten. Es reagiert auf Menschen, Stimmen oder Gegenstände, wenn es sich freut.*

3 *Das Neugeborene lächelt im Schlaf: reflexhafte Mimik in den REM-Schlafphasen, nur auf Mund und Wangen begrenzt (Augen und Stirn sind unbeteiligt).*

4 *Das Baby hat die Augen zusammengekniffen: Es hat Schmerzen.*

5 *Das Baby hat ein Fragezeichen im Gesicht: Es ist verwundert und überrascht.*

6 *Das Baby hat aufgerissene Augen: Es ist ängstlich, meist ab sechs Monaten.*

7 *Das Baby ist überrascht: ab etwa sieben Monaten (noch ohne hochgezogene Augenbrauen).*

8 *Das Baby schaut fragend: Es fühlt sich unsicher.*

9 *Das Baby nimmt Kontakt auf, es hat einen offenen, zugewandten Blick.*

10 *Das Baby fixiert einen Gegenstand mit den Augen: Es ist konzentriert und in Entdeckung versunken.*

11 *Das Baby hat einen abwesenden Blick oder scheint durch einen hindurchzuschauen. Der Blick geht zur Seite oder ins Leere: Das zufriedene Baby möchte ausruhen.*

12 *Das Baby blinzelt oder schneidet unbewusst Grimassen: Es hat genug und braucht Ruhe.*

13 *Das Baby hat einen starren Blick und kneift die Augenbrauen zusammen: Es zeigt bewusstes Interesse.*

14 *Das Baby hat die Augenbrauen nach unten gezogen, gekräuselte Mundwinkel oder Schmollmund: Es wird gleich anfangen zu weinen.*

15 *Das Baby fremdelt: Es schaut ernst und mit unverwandtem Blick.*

Ein Foto ist eine aus einem Kontext herausgelöste Momentaufnahme. Eltern können das Mienenspiel ihres Kindes durch die erlebte Situation, Routine und die Tageszeit natürlich viel besser und rascher einordnen. Du lernst dein Kind schrittweise kennen, auch wenn du dich jetzt vielleicht noch häufiger fragst: „Was will es gerade bloß?"

Ein gutes Team wird nicht über Nacht geboren, es wächst zusammen und wird durch gemeinsam Erlebtes vertrauter miteinander. Nimm dir bewusst Zeit, dein Kind zu beobachten und die Feinheiten seiner unterschiedlichen Gesichtsausdrücke wahrzunehmen. Es ist spannend, diese Vielfalt zu entdecken. Sei dabei bewusst im Hier und Jetzt – Handy, Fernseher, Musik oder To-do-Listen können warten. Zeit zum genießerischen „Baby Angucken" ist immer gut investiert. Sie schafft Nähe und stärkt eure Bindung.

TIPP: BABYFOTOS ANSCHAUEN

Babys lieben Bücher mit Fotos anderer Babys. Und besonderen Spaß haben sie an Mimik-Spielchen mit dir, wenn sie sich im zweiten Lebensjahr dann im Spiegel erkennen.

Welche Rolle spielen Gesten?

Kinder beginnen meist mit einem halben Jahr, sich verstärkt für ihre Umwelt zu interessieren. Schon im Alter von 6–9 Monaten können sie häufig benutzte Wörter verstehen. Meist handelt es sich dabei um typische Begriffe aus dem Babyalltag, wie Milch, schlafen oder wickeln. In diesem Alter ist der Wunsch des Kindes groß, sich mitzuteilen – mit Lautsprache ist das allerdings noch nicht möglich. Die Reifung des sogenannten Sprechapparates braucht noch eine ganze Weile. Mundmotorik und bestimmte Hirnareale müssen so weit ausgereift sein, dass die Koordination von Lippen, Zungenstellung und Lautproduktion auch klappt. Bis zu ersten verständlichen Wörtern braucht es einfach noch Zeit. Deshalb kommen vorher die Hände als Helfer zum Einsatz.

Dem Kind Sprache in die Hand legen

Babys in diesem Alter können ihre Hände schon bewusst einsetzen: Da die Körperteile, die für die Motorik wichtig sind, früher reifen als der Mund und andere Artikulationsorgane, entwickelt sich die Handmotorik früher als die Sprechmotorik.

Die typischen handmotorischen Meilensteine im ersten Lebensjahr sind:

Etwas greifen und wieder loslassen können, was sich schrittweise immer mehr zu einem differenzierten Greifen entwickelt.

Die Hände zusammenbringen – das klappt oft mit sechs Monaten.

Die Hände vor dem Körper überkreuzen, um Spielzeug von einer Hand in die andere zu geben – meist mit sieben Monaten möglich.

Mit den Händen klatschen – das tun Babys mit viel Freude oft ab ca. neun Monaten.

Und ab dem zehnten Monat klappt auch der gezielte Pinzettengriff mit Daumen und Zeigefinger.

Kinder entdecken bereits vor ihrem ersten Geburtstag, dass sie mit ihren Gesten Einfluss auf unser Verhalten nehmen können, und nutzen diese dann auch immer bewusster.

Je häufiger kleine Kinder Gesten abschauen können, desto früher setzen sie diese auch ein. Ab neun Monaten können sie zum Abschied winken, die Arme ausstrecken, um hochgenommen oder begrüßt zu werden, die Hand hinters Ohr legen zum Lauschen, die Finger auf den Mund legen, damit es leise wird, und den Kopf schräg legen, wenn sie schlafen möchten – allerdings nur, wenn es ihnen auch vorgelebt wird.

Anfangs überwiegen Gesten, mit denen dein Kind versucht, deine Aufmerksamkeit zu steuern. Dein Kind tritt mit dir über eine greifende Geste oder durch ein Daraufzeigen oder Hinhalten von Dingen in Kontakt. Dazu gehört auch die Zeigegeste, die eine gemeinsame Aufmerksamkeit herstellt und der Benennung von Gegenständen meist vorausgeht.

REFLEXION DEINER ELTERNROLLE: WIE REAGIERST DU AUF DIE GREIFGESTE?

Schon mit etwa drei Monaten kann dein Baby nach Gegenständen greifen – im Alter von sechs Monaten sogar schon ganz zielgerichtet. Wenn du dein Baby jetzt durch die Wohnung trägst, merkst du, dass es mit einer greifenden Bewegung auf Sachen zusteuert, die es gern haben oder erkunden möchte. Nun kommt es darauf an, wie du auf diese Greifgeste reagierst: Ignorierst du sie, weil dein Baby den Gegenstand nicht anfassen soll, oder gehst du sprachlich darauf ein? Wenn du seine Geste als Kommunikationsversuch erkennst und darauf reagierst, hilfst du ihm dabei, in den nächsten Monaten angemessene Gesten der Aufmerksamkeitssteuerung zu entwickeln. Was ist für dich die angenehmere Kommunikationsweise deines Babys: Wenn es quengelt und schreit? Oder wenn es auf etwas zeigt?

Wichtiger Meilenstein: die Zeigegeste

Im Alter zwischen 9 und 12 Monaten macht dein Kind sie meist erstmals selbst: die Zeigegeste. Das Baby versucht damit, unsere Aufmerksamkeit auf ein Objekt zu lenken – „da!" Dabei zeigt es auf Gegenstände oder streckt sie uns entgegen. Hier wird das Kommunikationsbedürfnis des Babys besonders deutlich: Es möchte etwas mit uns teilen. Dieses dem Kind innewohnende Mitteilungsbedürfnis ist der Antriebsmotor für den Spracherwerb.

Die Kinder auf diesen Fotos zeigen Gesten für Folgendes:

Hallo!

Hoch, auf den Arm

Horch!

Telefon

Was?

Wo?

Die Zeigegeste stellt gemeinsame Aufmerksamkeit her und geht meist der Benennung von Gegenständen voraus.

Gesten erfordern im Vergleich zu Wörtern weniger Gedächtnisleistung. Sie sind für kleine Kinder daher einfacher abrufbar, können flexibler und spontaner eingesetzt werden und ermöglichen es Babys schon früh, einem Gedanken Ausdruck zu verleihen.

Ein Meilenstein ist die Zeigegeste deshalb, weil dein Kind damit in eine absichtsvolle Kommunikation mit dir tritt. In diesem Entwicklungsschritt wandelt sich die gegenständliche Kommunikation, die auf Berühren und Erfahren beruht, hin zum abstrakteren Austausch mithilfe von Zeichen und Symbolen. Damit ebnet diese Geste schrittweise auch den Weg zur Lautsprache.

**REFLEXION DEINER ELTERNROLLE:
SPASS AN DER KOMMUNIKATION**

Dein Baby wird Spaß daran haben, sich in eure Kommunikation auf die ihm schon mögliche Weise einzubringen. Auch bereits dann schon, wenn es die dabei verwendeten Wörter oder Symbole noch nicht oder nicht ganz versteht. Wenn Du den Handlungen und Kommunikationsversuchen deines Kindes aber eine Bedeutung zuschreibst – auch wenn diese noch nicht absichtlich sein mögen und noch keinen zielgerichteten Charakter haben –, hilfst Du ihm dabei, eine solche zielgerichtete Kommunikation zu erlernen. Die Handlungen oder Gesten werden so zu einem bewusst einsetzbaren Werkzeug für dein Kind.

Bevor es auf Dinge zeigt, äußert sich dein Baby dadurch, dass es Dinge greifen möchte. Stelle daher Gegenstände, die es haben darf, in seine Reichweite, und reagiere auf sein Greifverhalten, indem du z. B. sagst: „Möchtest du das haben? Aha, du möchtest den …"

Zuerst lernt ein Kind Gesten und Wörter, um sich mit anderen austauschen zu können. Später werden die Begriffe im Geist zu Symbolen für seine Denkprozesse und bilden das Fundament für das Wachsen seines Denkvermögens. Denn ein Wort, das dein Kind noch nicht kennt, ist gleichzeitig auch immer ein Gedanke, den dein Kind noch nicht denken kann. Hat es schon Begriffe gesammelt, kann es sich darüber auch seine Gedanken machen. Die Verwendung von Gesten beziehungsweise Babyzeichen und Wörtern legt also die Grundlage für die Entwicklung des Denkens deines Kindes.

Bildhafte und symbolische Gesten

Ab etwa einem Jahr – wenn es Babyzeichen lernt, schon früher – nutzt dein Kind symbolische Gesten, die unabhängig vom aktuellen Kontext sind und für Dinge stehen können, die gerade nicht sichtbar oder abstrakt sind. Das bringt sie unserer situationsunabhängigen Lautsprache wieder einen großen Schritt näher.

Leichter zu erfassen sind in diesem Entwicklungsschritt die bildhaften Gesten, die das Bezeichnete sehr anschaulich nachahmen und die auch über Sprachbarrieren hinweg rasch verstanden werden. Durch Hecheln mit rausgestreckter Zunge ahmt das Kind beispielsweise einen Hund nach. Das würde man auch in China verstehen.

Symbolische Gesten wie Winken zum Abschied oder Kopfschütteln für Nein erfordern höhere geistige Fähigkeiten, um von deinem Kind beobachtet, verstanden und schließlich nachgeahmt und angewendet zu werden.

Die Sprachanfänge

Gestik ist für Kinder eine wesentliche Möglichkeit, Bedeutung zu verpacken, daher ist sie für die Sprachentwicklung enorm wichtig. Wissenschaftler gehen davon aus, dass unsere Vorfahren bis vor etwa 500 000 Jahren hauptsächlich gestisch kommunizierten. Für diesen Zeitpunkt konnte erstmals der Einsatz unseres Stimmapparates zur Artikulation von Sprache nachgewiesen werden. Ab da wurden die Gesten allmählich von der Sprache verdrängt und die Hände frei für Werkzeuge und Waffen.

Bei Kindern läuft die Entwicklung ganz ähnlich ab: Gestik ist eine Vorstufe, die ihnen anfangs leichter fällt als das Sprechen. Die Kleinen entwickeln sich beständig weiter und merken irgendwann, dass Lautsprache effizienter ist als nur Gestik, denn man kann Mama einfach rufen und muss auch sein Spielzeug nicht aus der Hand legen.

Auch wenn dein Kind in den ersten Lebensjahren schrittweise in die Lautsprache findet, bleiben Gesten zeitlebens untrennbar mit der Sprache verbunden. Erwachsene verknüpfen bis zu 90 Prozent des Gesagten mit mindestens einer Geste – besonders wenn sie emotional stark engagiert sind oder wenn sie über schwierige Dinge sprechen. Mit den Händen lässt sich vieles einfach leichter erklären.

Gesten und Wortschatz

Von den Entwicklungspsychologinnen Linda Acredolo und Susan Goodwyn wissen wir, dass die Verwendung von Gesten in Verbindung mit gesprochenen Schlüsselwörtern nicht nur die Verständigung für das Kind verbessert, sondern auch den Prozess des Sprechenlernens beschleunigt. Die Psychologin Susan Goldin-Meadow fand heraus, dass kleine Kinder zuerst eine Geste machen und kurz darauf das zugehörige Wort aussprechen können. Die Geste ist wie ein Sprungbrett für erste Wortverbindungen. Gesten entlasten die Kinder, etwas ausdrücken zu müssen und schaffen somit Freiraum für das Üben der Aussprache.

Als nächste Phase kommt die Kombination von gezeigter Geste und gesprochenem Wort. So sagt das Kind zum Beispiel „Papa" und zeigt auf ein Auto. Im darauffolgenden Schritt spricht das Kind dann „Papa Auto". Das Sprach- und das Bewegungszentrum sind im Gehirn sehr eng miteinander verwoben. Gesten helfen den ersten Wörtern somit wirklich auf die Sprünge.

In Studien konnte belegt werden, dass ein deutlicher Zusammenhang zwischen häufigem Gestikulieren und größerem Wortschatz besteht: Wer früher gestikuliert, benennt Dinge auch eher.

Kinder nutzen in der Regel mit zwölf Monaten Gestik sehr intensiv, auch wenn dann erste Wörter ins Spiel kommen. Auch mit 16 Monaten sind Gesten den Wörtern zahlenmäßig noch weit überlegen. Erst danach werden Gesten schrittweise durch gesprochene Wörter ersetzt.

Mit etwa 14 Monaten nehmen die Gesten sogar noch einmal deutlich zu, wenn das Kind seine ersten Minisätze spricht und Äußerungen aus zwei Elementen zusammenbaut. Diese sind zuerst Geste-Wort-Kombinationen, bei denen die Geste ein ganz wesentlicher Bestandteil bleibt. Die Kinder nutzen dann eine Handbewegung zum Wort dazu, um entweder das Gesagte zu unterstreichen und zu verstärken (z. B. „Ja" sagen und dazu mit dem Kopf nicken) oder um das Wort zu ergänzen (Kind zeigt auf das Auto und sagt „Papa").

Ab etwa 16 Monaten kommen dann auch Wort-Wort-Äußerungen hinzu, wobei bis zum Alter von 20 Monaten Geste-Wort-Kombinationen am häufigsten sind. Erst danach gewinnen die Lautsprache und Zweiwortsätze langsam die Oberhand.

Was sagt dir der Blick deines Kindes?

Blickkontakt ist unser stärkstes Signal, um Kontakt mit unserer Umwelt aufzunehmen. Und er wirkt ungemein anregend auf uns Eltern! Wir lieben es, der Mittelpunkt im kleinen Universum unseres Babys zu sein. Umgekehrt ist auch für deinen Säugling nichts so anregend wie der Blickkontakt. Allerdings hält keiner von uns intensive Blicke ewig aus. Nach einer Weile steigt (mindestens) ein Gesprächspartner kurz aus, tankt ein bisschen Ruhe und Abstand und wendet sich dann wieder dem anderen zu. Lass dein Baby den Rhythmus in diesem Wechselspiel zwischen euch beiden vorgeben.

Ich suche einen Gesprächspartner

Auf diese Signale im Blickverhalten solltest du achten, um einzuschätzen, ob dein Kind gerade Kontakt wünscht oder sich zurückziehen möchte:

So signalisiert dir dein Baby, dass es wach und aufmerksam ist:
- Es versucht, Blickkontakt mit dir aufzunehmen.
- Es lächelt dich an.
- Es gibt Laute von sich oder macht dem Sprechen ähnliche Mundbewegungen.

- Es zeigt körperliche Aktivität oder ist im Gegenteil gelassen wachsam.
- Es streckt dir seine Ärmchen entgegen.
- Es spielt mit Gegenständen und untersucht sie mit Mund und Händen.

Wünscht sich dein Baby Kontakt, dann ist es schön, wenn du dir die Zeit für einen gemeinsamen Plausch nimmst. Sein Verhalten ist für uns Eltern ja eh meist unwiderstehlich, sodass wir uns intuitiv dem Kind zuwenden, mit ihm sprechen und es sanft berühren.

Aber nicht immer steht deinem Baby der Sinn danach, im Mittelpunkt der Aufmerksamkeit zu stehen. In diesen Fällen ist dein Baby desinteressiert am Kontakt und hat genug:

- Es wendet seinen Blick ab, schaut nach unten oder senkt die Augenlider.
- Es nimmt keinen Blickkontakt auf.
- Es gibt keinen Laut von sich.
- Es hat wenig Körperspannung, weil es erschöpft ist.
- Es ist sehr angespannt, oft begleitet von hektischeren Bewegungen, wenn es überlastet ist.
- Seine Mimik sagt, dass es genug hat oder unzufrieden ist.
- Es beginnt zu quengeln oder sogar zu schreien.

Wenn die Aufmerksamkeit des Babys nach einer Spiel- oder Unterhaltungsrunde nachlässt, dann reagiere angemessen auf seine kindlichen Signale. Gönne ihm eine Pause ohne Kontakt und ohne weitere Reize. Beobachte aus der Distanz, ob es etwas braucht und wie es sich weiter verhält. Bei Bedarf solltest du dein Baby natürlich beruhigen oder ihm in den Schlaf helfen.

Wenn dein Baby ruhesuchend seinen Blick abwendet, heißt das nicht, dass es Dich ablehnt. Manche Eltern halten dies nur schwer aus und tendieren dann dazu, noch stärkere Reize einzusetzen, um die Aufmerksamkeit des Kindes wiederzuerlangen. So eine aufgezwungene Bespaßung geht für gewöhnlich nach hinten los und wird mit lautstarkem Sichbeschweren quittiert.

Erwachsene können sich aus einer Situation, die ihnen zu viel wird, zurückziehen. Dein Baby ist aber noch nicht mobil und deshalb in besonderem Maße auf deine Sensibilität angewiesen.

Schau mir in die Augen!

Unter Erwachsenen wird der Blickwechsel meist als ein Zeichen von Zuwendung gedeutet, und wir kommunizieren auch ganz bewusst mit Blicken. Auch wenn dein Baby vom ersten Tag an von deinen Augen absolut fasziniert ist, so muss es die Regeln des Blickverhaltens, die häufig kulturell geprägt sind, doch erst erlernen. Selbst 2- bis 3-jährige Kinder können Blicke nur eingeschränkt interpretieren. Mit 3–4 Jahren verstehen sie dann langsam, dass die Großen Blicke bewusst zur Kommunikation einsetzen.

Säuglinge halten schon mit 2–3 Wochen Blickkontakt. Dieser Blickwechsel zwischen Baby und Bezugsperson ist wichtig für seine soziale und kognitive Entwicklung: Kinder ohne frühen Blickkontakt zeigen häufiger Entwicklungsverzögerungen und Verhaltensprobleme als Kinder, die ihn bekommen.

Nimm mich wahr!

Besonders problematisch wird es, wenn eine Mutter Schwierigkeiten beim Aufnehmen von Blickkontakt hat und dem Kind gegenüber eine ausdruckslose Mimik zeigt. Dies ist häufig bei Menschen mit Depressionen der Fall. In einer berührenden Videostudie der Uniklinik Heidelberg wurde deutlich beobachtet, wie junge Babys am Anfang intensiv versuchen, auf sich aufmerksam zu machen und Blickkontakt mit ihrer Mama herzustellen. Bleibt deren Gesicht ausdruckslos, ziehen sich die Kleinen völlig in sich selbst zurück.

Auch Eltern erleben den Blick ihres Babys als regelrechte Belohnung – man ist voll im „Babyrausch". Und sie fühlen, dass in diesen Augenblicken auch eine geistige Begegnung mit ihrem Baby stattfindet. Schau deinem Baby in die Augen, und du erkennst: Es ist von klein auf ein Wesen mit Absichten und beeindruckendem Denkvermögen.

TIPP: LERNMOMENTE BEWUSST TEILEN

Blickt dein Baby auf einen Gegenstand, dann nutze seine Aufmerksamkeit und sein Interesse und sprich mit ihm. Benenne, was es sieht – mit Wörtern und Babyzeichen – und folge seinem Blickverhalten. Es wird dich lenken und signalisieren, worauf sein Interesse gerichtet ist – und du darfst der Kommentator sein. Das ist spielerisches Sprachtraining an Babys Interessen orientiert.

Auch beim Spielen zeigt uns schon bald sein Blickverhalten, was es bereits versteht. Indem du darauf reagierst, vermittelst du deinem Baby, dass seine Signale kommunikativ wirken. So lernt es, dass es durch Kommunikation etwas bewirken kann.

Lieblingsspiel aller Babys: Sich selbst oder den Teddy unter einem Tuch verstecken und hervorzaubern: „Guck, guck – da!"

Siehst du das auch?

Wenn ein anderer Mensch in eine bestimmte Richtung blickt, dann zieht es unseren Blick ebenfalls magisch und automatisch dorthin. Wir können nicht anders. Bei Affen ist das übrigens genauso – es könnte sich ja um eine spannende Futterquelle oder auch um eine Bedrohung handeln, die alle rasch wahrnehmen sollten.

Dazu ein Beispiel: Du schaust die Katze an. Dein Blick ist für dein Baby die natürliche und effiziente Weise, seine Aufmerksamkeit zu lenken, sodass es nun ebenfalls auf die Katze schaut. Und nun kannst du auf die Katze Bezug nehmen, indem du zum Beispiel sagst: „Da ist die Katze. Hörst du, wie sie schnurrt?" Schaust du dabei fröhlich auf das Tier, spürt dein Baby dies genau. Ebenso geht es ihm, wenn dein Blick angeekelt oder erschreckt ist. In diesem Fall würde es in Zukunft eher negativ auf Katzen reagieren. In diesem Mechanismus liegt wohl auch der Ursprung vieler übertragener Spinnen- und anderer Phobien.

Das Herstellen einer gemeinsamen visuellen Orientierung ist ein echter Meilenstein in der geistigen Entwicklung deines Babys. Schon bei 3 Monate alten Babys hat man beobachtet, dass blickbezogene Hinweisreize, die vor allem von unserem Kopf, aber auch den Augen ausgehen, zu einer Verlagerung ihrer Aufmerksamkeit führen. Sobald Baby und Bezugsperson die gemeinsame Aufmerksamkeit auf eine Sache richten können, findet soziales Lernen statt. Ein 6 Monate altes Baby wird sich meist entweder nur mit einem Gegenstand beschäftigen oder sich einer Person zuwenden. Ein 8–9 Monate altes Kind hingegen bezieht diesen Gegenstand immer mehr in die Interaktion ein. In diesem Alter fängt dein Kind auch damit an, dich auf ein spannendes Objekt aufmerksam zu machen und vergewissert sich dabei durch Blicke, ob du auch wirklich schaust.

Baby und Elternteil blicken auf denselben Gegenstand.

WARUM BLICKKONTAKT SO WICHTIG IST

Hält unser Gegenüber beim Sprechen, Vorlesen oder Erklären Blickkontakt zu uns, können wir uns später besser daran erinnern. Der Blick des Sprechers ist ein wichtiger Reiz für uns, besonders aufmerksam zu sein. Unser Körper reagiert darauf mit leichter Erregung. Er spürt, dass, wenn wir angeschaut werden, gleich etwas von Bedeutung passiert. Immer wenn du deinem Baby – oder Partner! – also etwas Wichtiges sagen willst, stelle zuerst Blickkontakt her, dann kannst du eher davon ausgehen, dass deine Worte auch wirklich ankommen.

DAS BABY WEINT – WAS NUN?

Wenn dein Neugeborenes weint, dann ist das ein dringender Hilfeschrei – du kannst ihn körperlich spüren und leidest mit. Das Weinen weckt in uns den Fürsorgeinstinkt, wirkt alarmierend und beunruhigend. Wir möchten das Weinen am liebsten sofort stoppen. Warum ist das so? Und vor allem: Wie gelingt uns das?

Reflexlaute entschlüsseln

Die Natur hat es clever eingerichtet: Der Schrei eines Menschenbabys ist wie der eines hilflosen Jungtieres ein echter Schutzmechanismus. Das Baby ruft, die Mutter reagiert sofort darauf. Nur woher weiß sie, was jetzt für Ruhe sorgt? Die Schreie eines Jungen müssen spezifisch und unterschiedlich sein, damit jede Mutter – egal ob Mensch oder Tier – richtig darauf eingehen kann. Im Tierreich ist es besonders wichtig, dass das Kleine sich schnell beruhigt, da es sonst mit seinem Rufen Fressfeinde anlockt. Logisch, oder?

Das legt die Schlussfolgerung nahe, dass verschiedene Bedürfnisse der Kleinen auch zu unterschiedlichen Arten von Weinen führen. Tiermütter erkennen sie sehr schnell. Doch auch für uns Menschen ist das gar nicht so schwer, man muss nur wissen, worauf man lauschen muss und wodurch die Unterschiede im Weinen entstehen. Ich hätte mir dieses Wissen als frischgebackene Mama auch gewünscht – ganz besonders in den durchwachten Nächten – und ich frage mich, warum dieser geniale Erfahrungsschatz nicht in jedem Schwangerschaftskurs vermittelt wird. Dieses Kapitel soll Licht ins Dunkel bringen, damit du ab dem ersten Tag die Bedürfnisse deines Neugeborenen richtig interpretieren und befriedigen kannst und euch lange Schreiphasen erspart bleiben.

Weinen ist spezifisch

Lange Zeit galt Weinen als unspezifische Kommunikation. Untersuchungen beschäftigten sich zumeist mit der Zeitdauer, der Frequenz und Intensität des Schreiens. Jungen, verunsicherten Eltern riet man einfach, ihr Baby schrittweise kennenzulernen und sich einzuhören.

Heute wissen wir, dass kindliches Weinen eine hoch entwickelte Kommunikationsform ist, die auf den Bedürfnissen der Kleinsten basiert und die durchaus spezifisch ist. Laute, die ein Baby äußert, bevor (!) es ins Schreien verfällt, stehen für verschiedene Grundbedürfnisse. Du musst nur den Code knacken, um die Laute richtig zu identifizieren. Dadurch weißt du sofort, wie du korrekt auf die Signale deines Babys reagierst, damit es sich beruhigt, sich sicher und verstanden fühlen kann. Dann erlebst du dich als kompetenten Experten für die Versorgung deines Kindes. Ein gutes Gefühl für beide Seiten!

Weinen ist Kommunikation

Zunächst hört sich für ungeschulte Ohren jedes Babyweinen irgendwie gleich oder ähnlich an. Über seine angeborenen Reflexe führen unbefriedigte Bedürfnisse wie Hunger oder Müdigkeit dein Kind automatisch und unbewusst zum Weinen. Wenn dein Baby beispielsweise hungrig wird, setzt sein Saugreflex ein. Kommt zu diesem Körperreflex ein Ton dazu, wird ein spezifischer Hungerlaut daraus. Und wir können lernen, ihn von anderen Bedürfnislauten zu unterscheiden.

Die Australierin Priscilla Dunstan hat den Zusammenhang zwischen spezifischen Babylauten und biologischen Grundbedürfnissen 1998 entdeckt – quasi aus der eigenen Not heraus. Priscillas Sohn Tomas gehörte zu den vielen Babys, die unter Koliken leiden und lange Perioden unerklärlichen Weinens durchleiden. Sie fühlte sich wie viele junge Mütter oft isoliert und gestresst, weil sie nicht wusste, was sein Weinen bedeutete und was er brauchte. Tage und Nächte verbrachte sie damit, ihn durchs Haus zu tragen und alles Mögliche auszuprobieren, was ihn beruhigen sollte. Am Ende war sie total erschöpft und mit den Nerven am Ende.

Schon als kleines Mädchen konnte Priscilla Dunstan Musikstücke nach einmaligem Hören auf ihrer Geige nachspielen. Ihrer besonderen Begabung eines fotografischen Gedächtnisses für Klänge und ihrem Wissen als ausgebildete Opernsängerin, wie Töne von unserem Körper erzeugt werden, kam nach der Geburt ihres Sohnes nun eine ganz neue Bedeutung zu. Priscilla Dunstan beobachtete, dass Tom einige Laute äußerte, bevor er anfing zu schreien. Sie führte Tagebuch darüber, was er „sagte" und was sie tat, um ihn zu beruhigen. Auf diese Weise entdeckte sie ein Muster in seinem Weinen. Das Tagebuch mit den Notizen zu den verschiedenen Lauten und körperlichen Signalen bildete die Basis für die heute als „Dunstan classification of infant cries" (Dunstan Klassifizierung von kindlichem Weinen) bekannte Methode.

Inzwischen hat sich bestätigt, dass es tatsächlich universelle Laute gibt, die dem Schreien vorausgehen. Diese Laute sind bei allen Babys weltweit gleich, denn sie alle sind von Natur aus mit den gleichen körperlichen Grundreflexen ausgestattet.

Versteh dein Baby vom ersten Tag an

Jedes Neugeborene auf dieser Welt verwendet also unabhängig von seiner Muttersprache und seinem Kulturkreis die gleichen fünf Laute für seine allerersten und wichtigsten Grundbedürfnisse. Es äußert damit, ob es Hunger hat, müde ist, aufstoßen muss, Bauchweh hat oder sich unwohl fühlt, weil es ihm zum Beispiel zu warm oder kalt ist, es eine neue Windel braucht oder es woanders drückt.

Machen wir uns noch mal ganz bewusst: Das Weinen unseres Babys ist nicht unser Feind! Wir können ganz ruhig und gelassen bleiben. Versuchen wir das Weinen als Wegweiser oder Übersetzungshilfe für uns Eltern aufzufassen, und nicht als absichtsvolle Lärmbelästigung – die kommt erst im Teenageralter!

Fünf neue Wörter für die wichtigsten Bedürfnisse in dieser natürlichen Babysprache herauszuhören und zu unterscheiden, ist innerhalb kurzer Zeit machbar. Kein Vergleich zu schulischem Vokabelpauken. Mit den vielen täglichen Übungsmöglichkeiten, die der Babyalltag von früh bis spät ohnehin bietet, wirst du rasch erkennen, was dein Neugeborenes dir sagen will.

Die Dunstan-Babysprache zu kennen stärkt deine Familie, du fühlst dich dadurch sicherer in deiner Elternrolle und bist deinem Kind besonders nah. Habt ihr ein zufriedenes Baby, das weniger weint und auf dessen Bedürfnisse ihr rasch und richtig reagieren könnt, profitiert auch die Partnerschaft davon. Weniger Stress und mehr Schlaf für alle sind eine gute Basis für ein harmonisches Familienleben. Auch größere Geschwisterkinder können die Sprache und die Bedürfnisse des Babys auf diese Weise verstehen lernen.

TIPP: SO FÜHLST DU DICH IN DEIN UNRUHIGES BABY EIN

Bevor wir die fünf Laute unter die Lupe nehmen, hier eine Anleitung, wie du am besten vorgehst, wenn dein Baby unruhig und weinerlich wird und deine Hilfe braucht.

1. Halte inne bei dem, was du gerade tust! Schaue genau auf dein Kind und höre ihm bewusst zu!

2. Lausche schon in der Vor-Schrei-Phase! Dann sind die Laute noch isoliert und deutlicher wahrzunehmen. Im heftigen Weinen werden sie untergehen.

3. Höre auf den markanten Teil jedes Lautes!

4. Ändere gegebenenfalls die Haltung des Babys, wenn der Laut schwer zu erkennen ist!

5. Reagiere intuitiv über dein Bauchgefühl, wenn du einen Laut nicht erkennst! Versuche es später erneut. Dein Baby gibt dir genügend Chancen dazu.

Die fünf Dunstan-Laute

Kommen wir nun zu den wichtigsten Lauten. Die Sound-Beispiele erleichtern dir das Einhören und das Erkennen der akustischen Unterschiede. Dazu einfach den QR-Code mit deinem Handy scannen (QR-Code-Reader können im App Store heruntergeladen werden und sind im Internet zum größten Teil gratis verfügbar).

Bitte denke daran, dass jedes Kind anders ist und sich individuell äußert. Wie der Ton herauskommt, hängt auch mit Lage und Körperhaltung des Babys zusammen. Am besten nimmst du es im wachen Zustand aufrecht auf den Arm, so kannst du den Laut am besten erfassen. Weint es schon heftig, kann eine Lageänderung beruhigend wirken, und du bekommst eine neue Chance zum Lauschen.

Die Laute werden undeutlicher und vermischen sich mit anderen Tönen, wenn das Baby von der Vor-Schrei-Phase ins Weinen kommt und danach sein Schreien eskaliert. Manche sehr sensiblen Kinder beginnen recht rasch, laut zu schreien. Bei ihnen ist es wichtig, schon auf die kleinsten Signale frühzeitig zu reagieren und eventuell einen Babymonitor zu nutzen, um die Vor-Schrei-Laute zu erwischen.

Wenn du dein Kind beruhigen möchtest, musst du selbst innerlich ruhig sein. Sonst schaukelt sich eure Aufregung gegenseitig hoch. Atme tief durch, lass die Schultern locker und halte dein Baby nah bei dir. Manchen Eltern hilft es, ihr Baby zu filmen, um sich in die Ausdrucksweise des eigenen Kindes besser einzuhören. Sie schauen sich die Aufnahmen in einer ruhigen und entspannten Minute an, um daraus zu lernen.

Erster Laut: Ich habe Hunger!

„Den Hungerschrei wirst du rasch erkennen", das geben Hebammen jungen Müttern gern mit auf den Weg. Nur konnte bisher keiner so genau spezifizieren, wie sich dieser Hungerschrei nun anhört. Hier kommt des Rätsels Lösung:

 www.versteh-dein-baby.com/dbs.php?1

Der Laut, der uns anzeigt, dass ein Baby Hunger hat, ist „neh". Bei manchen Babys klingt es eher wir „nuh". Das deutlich hörbare „N" von „neh" ist das wichtige akustische Unterscheidungsmerkmal. Es entsteht durch den bei Hunger einsetzenden Saugreflex, bei dem dein Kind seine Zunge immer am Gaumen entlang nach hinten bewegt. Wenn du es selbst mal ausprobierst, merkst du rasch, dass diese

Bewegung in Verbindung mit einem Laut nur zu „neh" führen kann. So einfach ist das!

Meistens ist „neh" der Laut, den Eltern als ersten heraushören können. Andere körpersprachliche Signale, die Hunger anzeigen, sind: an den Lippen lecken, am Fäustchen saugen oder den Kopf suchend hin- und herwenden.

„Neh" kann tatsächlich den Milcheinschuss bei der Mutter auslösen. Ein Baby, das „neh" sagt, lässt sich besser anlegen, weil es besser ansaugt und länger und effektiver trinkt. Auf diese Weise verringert sich auch oft das Problem der wunden Brustwarzen. Wenn eine Seite leer getrunken ist und das Baby noch Hunger hat, dockt es ab und sagt wiederum „neh", damit es noch die andere Brust bekommt. Das unterstützt ein Stillen nach Bedarf, weil wir richtig reagieren und dem Kind Milch geben können, wenn es mit „neh" danach verlangt. Besonders an heißen Tagen kann dies durchaus nach 30 Minuten wieder der Fall sein statt erst nach den oft üblichen drei bis vier Stunden. Du wirst den Trinkrhythmus deines Babys rasch kennenlernen und kannst so immer ganz flexibel die Milchbar öffnen.

Manche Babys, die extra Geborgenheit und viel Kuscheln benötigen, nutzen den „Neh"-Laut auch, um ihrem Bedürfnis nach Beruhigungssaugen Ausdruck zu verleihen. Du kannst ihm dann einen Schnuller oder deinen Finger anbieten, wenn du kein Dauernuckeln an der Brust möchtest. Sollte es tatsächlich hungrig sein, wird es den Schnuller ausspucken und weiterhin „neh" kundtun.

Weint ein Baby, tippen wir oft vorschnell darauf, dass es Hunger hat, und stillen es. Ist das Kind gar nicht hungrig, lässt es sich nicht oder nur schlecht anlegen und die Situation verkrampft.

Sagt das Baby anstatt „Hunger" in Wirklichkeit „Ich muss Bäuerchen machen", und wir kennen den Unterschied der Laute nicht, würden wir Milch auf die in seinem Brustkorb festsitzende Luftblase geben und Blähungen auslösen. Das Baby würde schließlich noch mehr weinen und echte Schmerzen leiden – in vielen Familien die typische schwierige Phase ab 17 Uhr! Mit starken Bauchkrämpfen ist einem zum Weinen, dann mag man nicht gestillt werden. Würde uns Großen ähnlich gehen, oder?

Unterschiedliche Stillpositionen:

Wiegehaltung quer vor dem Körper: Das Köpfchen liegt höher als der Popo, so kann Luft schon beim Trinken besser raus.

Im Liegen: besonders bequem nachts oder bei Kaiserschnitt.

Footballgriff: Der Rückengriff ist gut bei blockierten Milchdrüsen, nach einem Kaiserschnitt und für Zwillinge.

Hoppe-Reiter-Position: angenehm auch für Kinder mit Reflux, Ohrenschmerzen und kurzem Zungenbändchen.

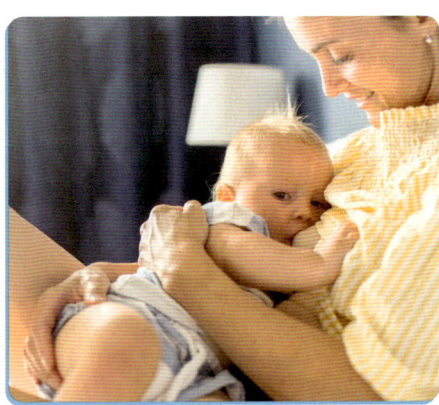

Australische Stillposition: Mama ist zurückgelehnt oder liegt auf dem Rücken – gut bei sehr starkem Milcheinschuss und für Kinder, die sich oft verschlucken.

Zweiter Laut: Ich muss Bäuerchen machen!

Der Laut für „Ich muss Bäuerchen machen" ist meiner Meinung nach der Wichtigste für eine gut funktionierende Babyversorgung und für sein ultimatives Wohlbefinden. Denn Luftblasen im Brustkorb oder Bauch beeinträchtigen einfach alle unsere Körperfunktionen. Damit geht es uns nicht gut.

Wenn wir den Laut kennen, mit dem unser Kind uns auf sein Bedürfnis, ein Bäuerchen zu machen, hinweist, werden wir merken: Während des ganzen Tages, auch zwischen den Mahlzeiten und sogar währenddessen, kann es immer wieder nötig sein, das Kind aufstoßen zu lassen.

Und so sagt es uns, dass eine Luftblase drückt und es Hilfe beim Aufstoßen braucht:

www.versteh-dein-baby.com/dbs.php?2

„Eh" ist oft als ganze Serie mehrerer kurzer „eh eh eh" hintereinander zu hören. Jedes „eh" klingt dabei kurz und spitz. Der „Eh-Laut" entsteht bei deinem Kind, weil sein Körper versucht, die im Brustkorb sitzende Luftblase durch Zusammenziehen nach oben herauszupressen.

Weil die Luft drückt, wird dein Kind zappelig und unruhig, ganz besonders, wenn du versuchst, es nun hinzulegen. Es ist daher ratsam, ein Baby, das „eh" sagt, erst Bäuerchen machen zu lassen, bevor du ihm (mehr) Milch gibst oder es schlafen legst. Das reduziert sein Bauchweh, verhindert, dass es gleich wieder aufwacht, und führt dazu, dass es weniger Milch spucken muss – so hast du auch weniger

Wäsche zu waschen! Babysprache zu verstehen, ist in vielerlei Hinsicht praktisch.

Beachte außerdem noch, dass Aufstoßen auch lautlos erfolgen kann. Wenn dein Baby nicht mehr „eh" sagt, ist es gut.

Indem du deinem Kind hilfst, die Luft nach oben herauszubringen, vermeidet ihr Bauchweh und somit allabendliche lange Schreiperioden, mit denen sich sonst leider sehr viele Familien plagen. Sicher hat dir deine Hebamme dazu schon ein paar gute Haltungen gezeigt: Du kannst dein Baby aufrecht an oder über die eigene Schulter legen und sanft seinen Rücken klopfen oder aufwärts reiben. Lageveränderungen bringen die Luft rasch heraus.

So hilfst du deinem Kind, die Luft nach oben zu bringen:

Lege dein Baby aufrecht über die Schulter.

Klopfe und reibe sanft aufwärts über seinen Rücken.

Lageveränderungen bringen die Luft rasch heraus.

Dritter Laut: Ich bin so müde!

Wenn wir müde werden, fangen wir an zu gähnen. Meist sind wir dann allerdings schon sehr, sehr müde. Warten wir nun zu lange, ist das eben noch offene Schlaffenster schon wieder zu, und wir brauchen meist weitere 45 Minuten, bis wir erneut Bettschwere haben. Bei deinem Baby ist es genauso. Bevor es gähnt, sagt es dir schon, dass es Schlaf braucht, und zwar so:

 www.versteh-dein-baby.com/dbs.php?3

Der Gähnreflex veranlasst dein Neugeborenes zu einem Laut, der sich wie „auw" anhört. Dabei macht es eine ovale Mundform. Andere Müdigkeitssignale, wie die Augen reiben, an den Ohren ziehen, den Rücken überstrecken oder sich winden, treten erst danach und leider meist dann erst auf, wenn dein Kind schon übermüdet oder überreizt ist und die Schwelle des komfortablen Einschlafens bereits überschritten hat. Ab da wird es also schwieriger und anstrengender für beide Seiten. Wenn es „auw" sagt, kannst du dein Baby problemlos hinlegen, und es schläft rasch und ruhig ein.

Manche Kinder äußern „auw" so zart, dass wir es im geschäftigen Alltag in der Regel glatt überhören und nicht ernst nehmen. Das sind dann hausgemachte Probleme. Lebt im Augenblick und nehmt dabei die Kinder und ihre Äußerungen, auch die zarten, bewusst wahr und ernst. Es erspart euch viele Stressmomente.

Gerade sehr junge Babys sind rasch überreizt und haben nur sehr kurze Aufmerksamkeitsspannen. Babys schlafen meist zwischen 17 und 19 Stunden am Tag – zumindest im Idealfall –, nur leider nicht am Stück, sondern in Häppchen, die entweder nur 10–15 Minuten

Powernapping sind oder bestenfalls zwei bis drei Stunden am Stück dauern. Im ersten Fall lohnt sich Hausarbeit, im letzteren solltest du ganz eigennützig auch die Luken schließen, denn wer weiß, wie die Nacht wird. Oder der nächste Tag.

Neugeborene Babys kommen sehr häufig mit einem sogenannten Baby-Jetlag auf die Welt. Sie sind eher zu den Zeiten wach, zu denen man auf der anderen Seite der Erdkugel aufsteht, und machen bei uns dann die Nacht zum Tag. Dein Baby war besonders zum Ende deiner Schwangerschaft tagsüber, wenn du im Wiegeschritt unterwegs warst, meist ruhig, sobald du dich hingelegt hast, dafür im Action-Modus. Also gib deinem Kind Zeit, sich schrittweise ins Leben und in den Ruhe-Action-Rhythmus eurer Familie einzufinden.

TIPP: SO HILFST DU DEINEM BABY, IN DEN SCHLAF ZU FINDEN

- Schlaflied singen.
- Licht reduzieren, Vorhänge schließen.
- Deine Hand auf seinem Körper ruhen lassen.
- Mit der flachen Hand über Augen und Nase oder mit einem Finger am Nasenrücken entlangstreichen.

Klassische Problemsituationen rund ums Schlafen

Probiere aus, was für euch gut funktioniert und kreiere euer eigenes Gute-Nacht-Ritual. Das ist sehr wichtig, weil das Schlafverhalten von deinem Baby erst erlernt werden muss. Hier braucht es Geduld und jeden Abend ein neues Bausteinchen bis zum Ziel. Rückschritte im Schlafverhalten sind während Entwicklungsschüben ganz normal und lehren uns nur, dass immer alles im Fluss ist und nichts so bleibt, wie es heute ist. Also lebe die Veränderung und sei dabei die felsenfeste Konstante und der sichere Hafen für deinen Nachwuchs!

So kannst du Problemsituationen vermeiden:

Das ganze Haus aufwecken

Dein Kind sagt dir, was es braucht. Auch nachts. Damit du die Laute vor dem Schreien mitbekommst, schläft es am besten mit bei dir im Zimmer. So findet sich die Lösung schneller und ist vielleicht im Halbschlaf erledigt. Wenn das Baby „neh" sagt und du stillst, darf dein Mann vielleicht weiterschlummern. Vermeide auf jeden Fall viel Licht und den direkten Blickkontakt, denn der ist für dein Baby ungemein anregend und dann würde eure Pyjamaparty weitergehen und du würdest nicht so schnell wieder ins Bett kommen.

Das gerade eingeschlafene Kind wacht nach wenigen Minuten wieder auf

Dann ist es wahrscheinlich, dass es „eh" sagt, weil es beim Stillen eingeschlafen ist und nun die Luft doch noch raus muss. Lass es ohne viel Tamtam Bäuerchen machen und lege es sofort wieder hin. Es wird in der Regel weiterschlummern. Ist dies häufiger ein Problem, kann eine leicht schräge Liegeposition eventuell Abhilfe schaffen. Am einfachsten ist es, wenn du das Bettgestell auf der Kopfseite dazu mit Büchern unterlegst. Niemals nur die Matratze, denn dein Baby könnte dazwischen geraten und dann keine Luft mehr bekommen.

Das Kind schläft an der Brust ein, doch sobald es im Bett liegt, sind die Augen wieder offen

Wie würdest du dich fühlen, wenn du auf dem Sofa friedlich einschläfst und dich beim Aufwachen plötzlich ganz woanders wiederfindest? Das ist wie ein Filmriss, und der macht Angst. Auch wir würden brüllen und sehr beunruhigt sein. An Weiterschlafen ist erst mal nicht zu denken. Lege deshalb dein Baby noch halb wach in sein Bettchen. Bleibe bei ihm, es braucht deine körperliche Nähe, um zur Ruhe zu kommen und sich sicher zu fühlen.

Nach stundenlangem Händchenhalten und anschließendem Rausschleichen wird das Baby doch wieder wach

Das kenne ich vom ersten Kind nur zu gut! Die Frage ist, wer sich von wem nicht trennen kann ... Dein Baby hat einfach noch keinen so tiefen Schlaf. Es wacht am Ende der REM-Schlafphasen meist ganz kurz auf, doch wenn du es lässt, schläft es auch ganz von alleine wieder ein. Wenn es dich rufen sollte, bist du ja nie weit oder hörst und siehst es über einen Babymonitor. Statt bei jedem dieser kurzen Aufwacher ins Zimmer zu rauschen, gib deinem Kind die Chance, selbst wieder in den Schlaf zu finden. Ich habe sechs Wochen alte Babys erlebt, die dies in einer Schlafphase mehrfach hintereinander von sich aus ganz gemütlich geschafft haben, ohne dass sie jemanden brauchten. Sie schauten ein bisschen in der Gegend herum und dann klappten die Äuglein von allein wieder zu. Ich glaube, uns Eltern fällt es enorm schwer, uns in dieser Situation zurückzunehmen.

Vierter Laut: Ich habe Bauchweh!

Wir Eltern reagieren meist viel zu spät, wenn unser Baby Bauchweh hat. Wir handeln erst, wenn es ganz eindeutige körperliche Symptome zeigt, sich krümmt und die Beinchen anzieht oder sich steif macht und sie streckt. Dabei weint es herzzerreißend und leidet bereits starke Schmerzen. Wehre bitte besser schon den Anfängen und reagiere, wenn du diesen heftigen Laut hörst:

 www.versteh-dein-baby.com/dbs.php?4

Der Bauchweh-Laut hört sich an wie „eärh". Der erste Teil ist, wie das „eh" für aufstoßen, auf die Luft zurückzuführen, die raus muss. Der zweite Teil „är" kommt durch die sich zusammenziehenden, auf den Druck und die Schmerzen reagierenden Bauchmuskeln. Wie du selbst merkst, ist dieser Laut sehr eindringlich, kommt tief aus dem Bauch heraus und dein Baby ist dabei äußerst gestresst. Schau dir allein sein zusammengekniffenes Gesichtchen an. Dieser Schmerzenslaut ist für uns Eltern nur schwer auszuhalten.

Eine liebe Kollegin nannte den „Eärh-Laut" deshalb treffend „die längere Rache des Eh". Wenn man sein Baby bei „eh" häufig Bäuerchen machen lässt, reduziert dieses Vorgehen auch das „Eärh"-Weinen ganz deutlich – wenn nicht, rächt es sich eben leider und das meistens am Abend, wenn auf allen Seiten ohnehin die Kräfte nachlassen. Anstatt lange und ausgiebig Babys Bauchweh wegzumassieren und in der 17-Uhr-Schreiphase gemeinsam verzweifelt durch die Wohnung zu wandern, könntet ihr euren Feierabend zukünftig auch anders, schmerzfreier und geräuscharmer gestalten.

Überprüfe eventuell auch, was du gegessen hast. Kohlarten, Zwiebeln und Hülsenfrüchte, manchmal auch Trauben, können Blähungen hervorrufen. Manchmal kommt es auch vor, dass ein Baby eine Laktoseunverträglichkeit hat. Das kann, muss aber nicht sein.

Einem Baby mit Bauchweh und Kolik beizustehen, ist nie besonders leicht, denn es braucht Zeit, die eingeklemmte Luft hinauszubefördern. Besonders bewährt haben sich dabei sanfte Bauch- oder Fußreflexzonen-Massagen oder das Tragen im Fliegergriff. Auch das Auflegen deiner warmen Hand tut gut und ist besser als ein Wärmekissen, bei dem man nie sicher sein kann, ob es deinem Baby nicht zu warm ist. Wichtig ist wirklich, dass du dem kleinen hilflosen Kerl kontinuierlich beistehst, solange er „eärh" sagt.

Bauchweh-Weg-Griffe:

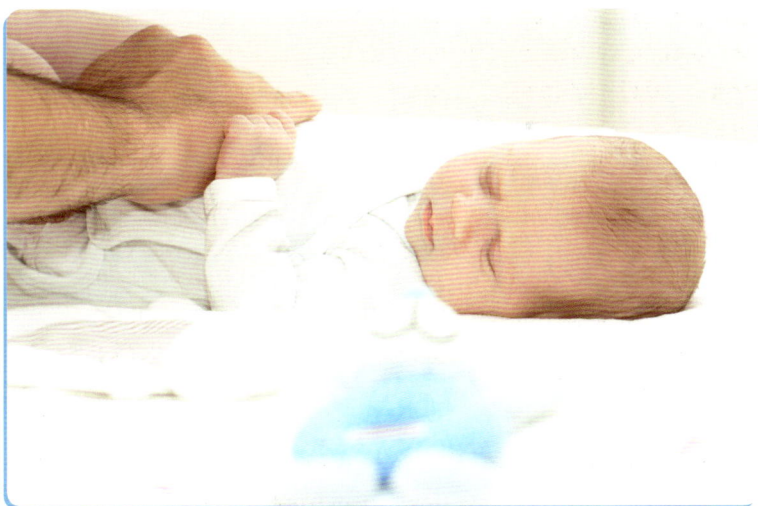

Wärme den Bauch deines Babys mit der Hand.

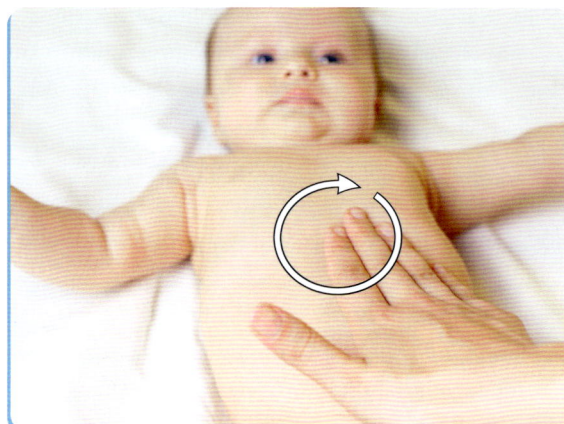

Kreise mit deiner Hand im Uhrzeigersinn über den Bauch deines Babys.

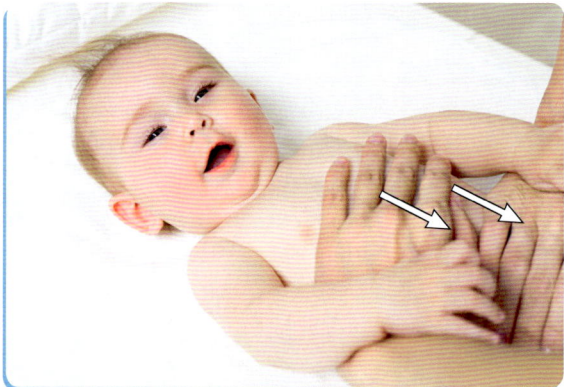

Streiche mit flachen Händen abwechselnd nach unten.

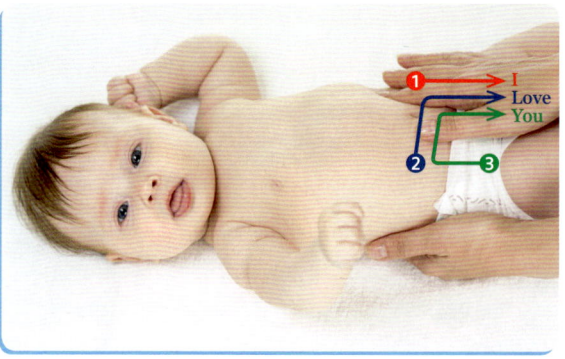

„I Love You"-Massage

Fliegergriff mit warmer Hand unter dem Bauch deines Babys.

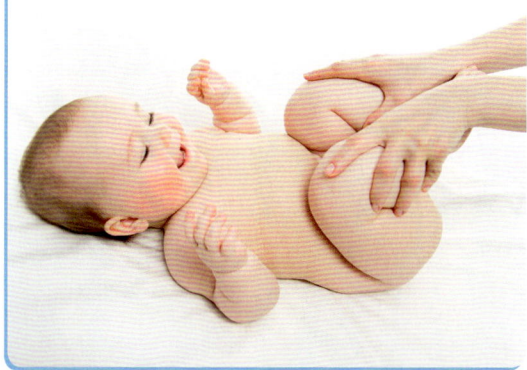

Ziehe die Beine deines Babys an, halte sie und strecke sie wieder.

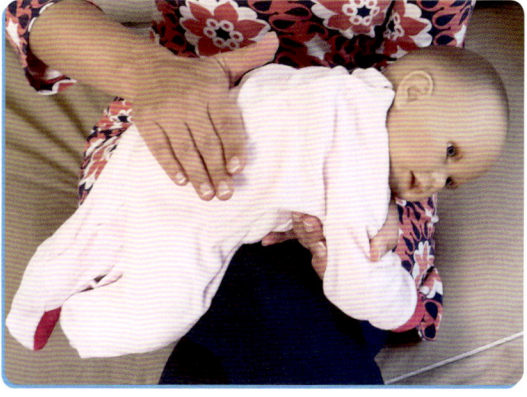

Dein Baby liegt auf deinem Knie, während du seinen unteren Rücken massierst.

Dein Baby drückt seine Füßchen gegen deinen Schoß, während du es mit einer Hand gut festhältst und mit der anderen seinen unteren Rücken massierst oder seine Hüfte leicht kreisen lässt.

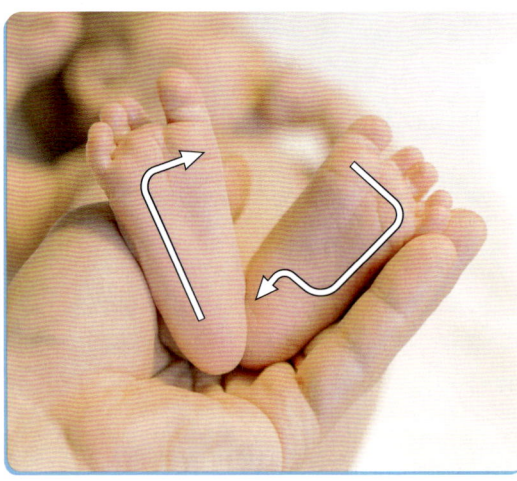

Fußreflexzonen-massage: Ziehe den Darmverlauf sanft drückend auf den Fußsohlen nach.

Fünfter Laut: Ich fühle mich nicht gut!

Wenn du diesen Laut hörst, sagt dir dein Baby, dass es sich gerade sehr unwohl fühlt – und das kann leider verschiedenste Gründe haben:

 **www.versteh-dein-baby.com/dbs.php?5**

Beim Laut „heh" hörst du anders als bei „eh" ein ganz deutlich gehauchtes „H" am Anfang der Äußerung. Es kann fast wie ein Hecheln klingen, weil das Baby dabei ausatmet. Der „Heh-Laut" basiert auf einem Reflex der Haut, und da dein Neugeborenes sich noch nicht kratzen oder dir die Stelle zeigen kann, wo es unangenehm ist, müssen wir Detektiv spielen, um dem Problem auf die Spur zu kommen.

Die folgende Übersicht gibt dir als Sherlock Holmes ein paar Hinweise, wo es sich in der Regel lohnt, Nachforschungen anzustellen, wenn du weißt, der gesuchte Übeltäter hat meist mit der „Haut" zu tun. Hier eine Auswahl der möglichen Verdächtigen:

Typische „Ich fühle mich nicht wohl"-Anzeichen

○ **Zu warm:** Ein feuchter Nacken, roter Kopf, warme Stirn zeigen an, dass mindestens eine Lage Kleidung runter muss.

○ **Zu kalt:** Kalte Hände und Füße oder gar ein Bibbern und blaue Lippen zeigen deutlich: Hier muss jemand wärmer angezogen oder eingekuschelt werden.

○ **Nasse oder volle Windel:** Auch wenn sie erst vor 30 Minuten gewechselt wurde, Babys schaffen es, bis zu zwölf Windeln am Tag zu füllen. Außerdem können die Windelverschlüsse zu eng geschlossen sein und dadurch drücken oder einschneiden.

○ **Windelausschlag und wunder Popo:** Wenn Urin auf Hautwunden kommt, brennt es noch mehr – zum Heulen. Gönne dem kleinen Babyhintern häufige windelfreie „Frischluft-Strampel-Einheiten" und versorge ihn mit einer heilsamen Creme, z. B. aus Ringelblumen oder einem hautberuhigenden und gleichzeitig desinfizierenden reinen ätherischen Öl wie Lavendel, Teebaum oder Weihrauch, das du mit einem Trägeröl vorher gut verdünnst (siehe auch Kapitel „Sanfte Hilfe von Mutter Natur: mit Düften entspannen und Beschwerden lindern")

○ **Unverträglichkeit** von Babylotion, Cremes, Shampoo, Feuchttüchern: Auch wenn „Baby" draufsteht, ist leider in vielen Produkten ein erschreckender Chemiecocktail drin. Steige besser auf natürliche Produkte um!

○ **Kratzender Stoff** oder Wolle, auch wenn Oma den Pullover extra fürs Kind gestrickt hat.

○ **Reaktion auf ein Waschmittel,** das die zarte Haut reizt.

○ **Allergien** äußern sich häufig über die Haut und Ausschlag. Überprüfe auch, was du gegessen hast und ob dein Kind eventuell auf bestimmte Lebensmittel reagiert. Oft beobachtet man dies bei histaminreichen Lebensmitteln wie reifem Käse, Rotwein oder Schokolade, die Kopfschmerzen beim Kind hervorrufen können. Beerenfrüchte, Tomaten, Pfirsiche oder starke ungewohnte Gewürze können auch Ausschlag hervorrufen.

○ **Zu kleine Kleidung** kann reiben. Aber auch noch zu große oder zu weite Kleidung kann das Baby als störend empfinden.

○ **Gurte vom Autositz,** die zu fest gezogen sind und drücken.

○ **Mückenstiche,** die fürchterlich jucken.

○ **Positionsveränderung nötig,** aber das Baby kann sich ja noch nicht alleine drehen.

○ **Überreizung** durch zu viele Geräusche, Licht oder neue Eindrücke. Gönne dem Baby einen Tapetenwechsel und Ruhe.

Kombinationen von Lauten

Babys verwenden nicht nur die fünf Dunstan-Grundlaute, sondern können auch noch andere Töne produzieren. Das hast du sicher selbst schon bemerkt. Nicht jedes Tönchen hat gleich großen Bedeutungsinhalt. Gerade ab dem dritten Lebensmonat probieren Babys mit Begeisterung und Ausdauer ihre Stimmchen aus, experimentieren mit ersten Lauten in Verbindung mit der Atmung, verschiedenen Lippen- und Zungenstellungen. Das ist die sogenannte erste Lallphase, die alle Kinder durchlaufen und bei der sie viel Spaß am ausgiebigen Testen ihrer „Sprechspielzeuge" haben.

Häufig kombiniert dein Baby auch zwei Grundlaute. Im Grunde logisch, weil auch bei uns Erwachsenen Bedürfnisse gleichzeitig auftreten können: Manchmal fühlst du dich müde und hungrig zugleich.

Was machen wir dann? Die Faustregel heißt: Reagiere immer auf den Laut, den dein Baby gerade am häufigsten sagt. Das ist sein dringlichstes Bedürfnis. Was es nur kurz erwähnt, kann erst einmal warten. Sagt es also „neh, neh, auw, neh", dann reagierst du auf „neh" zuerst. Wenn Zweitrangiges nach dem Stillen des Hauptwunsches weiterhin aktuell ist, wird das Baby dir das anschließend noch mal sagen. Verlass dich drauf! Dann kannst du dich um das nächste Bedürfnis kümmern – immer schön der Reihe nach.

Alles unter Kontrolle

Solange du einen der fünf Grundlaute von deinem Kind hörst und sein Bedürfnis erkennst und versorgst, weißt du, dass du das Richtige tust, um ihm zu helfen. Erkennen wir es nicht, probieren wir, wie Millionen Eltern vor uns, herum, was uns alles einfällt. Das Baby wird verständlicherweise unter Umständen immer ärgerlicher und das Schreien eskaliert. Am Ende können die Nerven dann schon mal blank liegen. Das muss nun nicht mehr sein.

An manchen Tagen ist der Himmel allerdings sehr grau. Unkalkulierbar wie das Wetter erscheint uns manchmal auch unser Nachwuchs. Wenn dein Baby sehr viel schreit und du nicht mehr kannst, lege dein Baby bitte immer an einem sicheren Ort ab, zum Beispiel in seinem Bettchen, und verlasse dann den Raum für eine Weile, um innerlich zur Ruhe zu kommen und neue Kraft zu schöpfen. Hast du öfter das Gefühl, eure Welt ist total aus den Fugen und deine Kräfte nähern sich einem bedrohlichen Tiefpunkt, dann springe über deinen Schatten, bevor Sicherungen unbeabsichtigt durchbrennen, und hole dir Hilfe. Du und dein Baby, ihr habt beide Unterstützung verdient! Niemand ist perfekt – egal in welchem Alter – und manche Tage sind echte Herausforderungen. Halte inne und überlege gut, was dich entlasten oder neue Kraft tanken lässt. Manchmal ist es die Eiscreme im Tiefkühlfach, die dir ganz allein gehört. Der Rest der Welt muss kurz warten, bis dein Akku wieder einen akzeptableren Ladestand erreicht hat. Ein Auto läuft ja auch nicht ohne Benzin.

Das Geheimnis einer entspannten Elternschaft liegt wahrhaftig in einer vorhersehbaren, altmodisch anmutenden, aber durch die Gewohnheitsmuster Ruhe vermittelnden Routine und einer geordneten kleinen Welt. Babys sind superkonservativ und echte Gewohnheitstiere in ihrem eigenen kleinen Schneckenland. Lass dich darauf ein, indem du dein Tempo und deine Erwartungen herunterschraubst und die kleinen Alltagsfreuden bewusst wahrzunehmen und dafür dankbar zu sein lernst. Dein Baby ist der Schlüssel zu dieser dicken Portion Lebensglück.

Den natürlichen Rhythmus deines Babys erkennst du über die geäußerten Bedürfnisse. Schreib sie doch einfach mal für ein paar Tage auf. Dann siehst du schwarz auf weiß, was dein Kind wann gesagt und was ihm jeweils geholfen hat. Das gibt dir Selbstsicherheit und vermittelt das Gefühl, Herr oder Herrin der Lage zu sein.

TIPP: DUNSTAN-BABYSPRACHE-KURSE

Wenn du mehr Praxis zum Erkennen der Laute möchtest, individuelle Hilfestellung und Austausch mit anderen Eltern suchst – es gibt in Deutschland, Österreich und der Schweiz ein beständig wachsendes Netzwerk an Dunstan-Babysprache-KursleiterInnen, die dir gern zur Seite stehen.

Wie lange funktioniert das Ganze?

Die Grundlaute verwenden Babys meist bis zum vierten Lebensmonat. Gehen Mama und Papa in dieser Zeit verlässlich auf die Laute ein, wandelt sich ab dem vierten, fünften Monat Babys reflexbasierte Kommunikation in eine bewusste Anwendung der fünf spezifischen „Laute". Es behält sie dann zum Teil bis zum ersten Geburtstag bei.

Wenn sich das Baby im ersten Lebensjahr weiterentwickelt und seine Umwelt immer mehr entdeckt, kommen schrittweise natürlich noch andere Bedürfnisse dazu und es möchte seine Entdeckungen mit uns teilen. Dieses bewusste Mitteilungsbedürfnis vom Kind können wir dann über die daran anknüpfende Babyzeichensprache erfüllen, die eine neue Welt der Interaktion mit unserem Nachwuchs eröffnet, solange dieser noch dabei ist, in die verständliche Lautsprache hineinzuwachsen. Mehr dazu liest du im Kapitel „Kommunikation mithilfe von Babyzeichen".

DAS BABY MUSS BERUHIGT WERDEN – NUR WIE?

Es ist fast nicht möglich, ein kleines Kind zu beruhigen, wenn wir selbst aufgewühlt sind. Unruhe überträgt sich in Windeseile auf andere – selbst, wenn wir keinen direkten Körperkontakt haben. Willst du dein Baby beruhigen, musst du selbst erst runterkommen und deine eigene Mitte finden. Erst dann kannst du Ruhe ans Kind weitergeben.

Um ein Baby zu beruhigen, funktioniert meist all das gut, was das Baby an seine Zeit im Bauch erinnert. Das kann der Herzschlag der Mutter sein, den es jetzt in gleichmäßigen rhythmischen Geräuschen wieder wahrnimmt (Staubsauger, Fön, Waschmaschine) und den auch die altbekannten Wiegenlieder wieder aufgreifen. Die sanfte Schaukelbewegung und das Wiegen auf dem Arm vermitteln das Gefühl von früher, als der Schwangerschaftsbauch im etwas watscheligen Gang durch die Gegend geschaukelt wurde.

Auch die eigenen Grenzen durch Begrenzungen zu spüren, tut Babys oft gut. Das sogenannte Pucken – ein straffes Wickeln – oder das Benutzen von Schlafsäcken, die am Bauch enger anliegen, den Armen und Beinchen aber Bewegungsfreiheit geben, können dem Kind helfen. Ein enger Körperkontakt wie beim Tragen gibt dem Baby Sicherheit. Liebevolle Berührungen, wie durch sanfte Massagen, schenken ihm wohltuende Aufmerksamkeit. All das macht einen entspannten Start ins Leben leichter.

Rituale: der Autopilot für den Alltag

Wenn das Leben seinen gewohnten Gang geht, befinden wir uns leichter im Flow und im inneren Einklang. Das geht schon den Kleinsten so und überträgt sich auch auf sie. Feste Rituale bringen Ruhe in deinen Alltag. Das Gefühl von Sicherheit, das aus der Vorhersehbarkeit der Abläufe erwächst, lässt Energie frei werden, für die ungeplanten Herausforderungen des Tages. Und da es die mit Kleinstkindern zuhauf gibt, tut es unheimlich gut, zu festen, regelmäßigen Zeiten einfach nur auf Autopilot laufen zu können. Mit solchen vertrauten Zeitinseln kannst du dich durch den Tag hangeln, ohne viel nachzudenken und du hältst das Familienleben damit im gemächlichen, harmonischen Fluss.

 TIPP: EINE AUSWAHL AN MÖGLICHEN RITUALEN

- Good morning! Start mit ausgiebigem Kuscheln im Bett, Bauch an Bauch in Herzensverbindung sein, ausgiebig strecken, rekeln, dann kannst du dem neuen Tag ins Auge blicken.
- Time for a change: Windel wechseln mit Abwechslung – Kitzelvers, Fingerspiel, Lied oder Ablenkung durch Mobile, An- und Ausziehen mit Spaßfaktor: Guck, guck – da!
- Still-Ritual: Milchpause fürs Baby, ab in die gemütliche Ecke, dort wartet auch für Mama was zum Genießen.
- Bye, bye! Wenn einer zur Arbeit muss: Tasche und Essen mitgeben, Schlüssel für ihn suchen, Abschiedskuss aufdrücken und winke, winke machen.
- Time for a break! Zusammen hinlegen und ausruhen zur Halbzeit.

- Frischluft tanken: Baby im Wagen auf die Terrasse stellen, täglicher Spaziergang, Balkonzeit oder wenigstens ein paar Minuten Frischluftdusche am offenen Fenster.
- Mamas 5 o'clock teatime: 5 Minuten Ruhe tanken, Entspannungstee schlückchenweise schlürfen, dazu ein Stück Nervennahrung – Keks, Obst.
- Playtime with Daddy: Zeit nur mit Papa zum Spielen, Kaspern und Nähetanken.
- Oma-Opa-Nachmittag: Schaffe dir Freiräume und lerne das Abgeben. Das kann auch an die freundliche Nachbarin sein oder andere liebe Menschen, an die du dein Baby schrittweise gewöhnst.
- Bade-Ritual: Let's plansch! Nackedei-Strampelzeit auf saugfähiger Unterlage, entspannende Massage, ein schönes Badeöl, und dann samt Quietscheente ab ins Wasser. Sobald die ersten Zähnchen durchgucken, gehört das Beißerchenputzen auch gleich fest mit zum Programm, das spart später allabendliche Diskussionsrunden und Nerven.
- Gute-Nacht-Ritual: Mit Schlaflied, weniger Licht, später mit Bilderbuch anschauen als Gute-Nacht-Geschichte, Kuscheltier oder -tuch, evtl. Schnuller, Gute-Nacht-Kuss.
- Zeit für die Revue: Den Tag kurz reflektieren und dankbar sein für schöne Momente, das braucht nicht mehr als eine Minute.

Massage: Zeit für zärtliche Hände

Babymassage ist auch Kommunikation mit dem Kind, und das Schöne daran: Es bringt vertraute Momente voller Nähe und kann beruhigend auf Babys Körper und Geist wirken. In vielen Ländern Asiens, Afrikas und Südamerikas hat das Massieren von Babys eine lange Tradition. Auch bei uns ist Babymassage nicht mehr wegzudenken.

Das Bedürfnis nach Körperkontakt, menschlicher Zuwendung, spürbarer Liebe und Geborgenheit ist für Babys genauso wichtig wie ihr Grundbedürfnis nach Nahrung. Zärtliche Berührungen sind Liebe pur. Sie zählen also quasi zu den Grundnahrungsmitteln und sagen deinem Baby: Du bist bei uns willkommen, du wirst geliebt, beschützt und umsorgt.

Die Babymassage ist ein spielerisches Geben und Nehmen im Körperkontakt mit sanften Streicheleinheiten und bewussten, achtsamen Berührungen zwischen Eltern und Kind. Sie bietet eine lange Liste an Vorteilen: sie ist ausgleichend und beruhigend oder je nach Form auch belebend, kann Ängste und Unruhe lindern und fördert einen erholsamen Schlaf, aktiviert die Selbstheilungskräfte des Körpers und kurbelt Kreislauf sowie Durchblutung an, schafft mehr Körperbewusstsein, kann schmerzstillend wirken und Bauchweh wegpusten. Sie bietet eine schöne Möglichkeit, gerade auch für Papas, in intensiveren Kontakt zum Kind zu treten.

Übrigens: Drei feste Umarmungen am Tag schenken auch dir als Erwachsenem die nötige Portion Körperkontakt für dein eigenes Wohlbefinden.

Bei so vielen Vorteilen lohnt es sich, ein regelmäßiges – am besten tägliches – Massage-Ritual in euren Alltag einzubauen. Das muss auch gar nicht lange dauern. Empfohlen wird, dein Baby immer zur gleichen Tageszeit und am gleichen Ort zu massieren. Aber immer nur dann, wenn dein Baby es auch möchte.

Dazu benötigst du einen gemütlichen, warmen Platz in ruhiger Umgebung, Papas oder Mamas angenehm warme Hände ohne kratzenden Schmuck, ein hochwertiges (100 Prozent reines, Bio-) Massageöl mit Raumtemperatur in einer Schale, eine saugfähige Unterlage für unten drunter und eine Kuscheldecke für oben drüber, gegebenenfalls Windeln, Schnuller oder Kuscheltier griffbereit in der Nähe.

TIPP: DER GROBE ABLAUF EINER MASSAGE

- Atme tief durch und entspanne dich, Schultern runter.
- Zieh dein Baby aus und nimm die Haltung mit ihm ein, die ihr bequem findet, z. B. Sitzhaltung mit ausgestreckten Beinen und Baby darauf liegend, Wiegeposition oder Baby auf einer Decke oder dem Wickeltisch liegend.
- Halte Blickkontakt mit deinem Kind, damit du auf seine Signale eingehen kannst.
- Ist das Baby sichtlich in Massage-Laune, kannst du seinen Körper mit den entsprechenden Griffen je nach gewählter Massage-Art massieren. Wie das geht, schaust du dir am besten in einem Baby-massagekurs unter individueller Anleitung an oder, wenn es keinen in der Nähe gibt, vorab in Ruhe im Internet oder in einem Buch.
- Begleite eure Massage mit deiner Mimik, mit ruhigen Worten und Gesten. Manche Babys mögen es auch, wenn du dabei für sie singst. Das regt seine Kommunikationsfreude an. Es wird versuchen, durch seine Laute und Mimik mit dir in Kontakt zu treten und es dir gleich zu tun.
- Das Ende der Massage gestaltest du nach Babys jeweiligen Bedürfnissen: Du gibst ihm Milch, wenn es hungrig ist, bei Müdigkeit deckst du es zu und lässt es schlafen (nur nicht auf dem Wickeltisch) oder du legst eine Spielrunde für kleine Aktivisten ein oder ein Wiegen und Summen für Mäuse, die unruhig sind.

Sanfte Hilfe von Mutter Natur: mit Düften entspannen und Beschwerden lindern

In diesem Abschnitt möchte ich dir zeigen, welche Heilkraft in reinen ätherischen Ölen steckt und wie du sie sicher für dein Baby anwenden kannst. Ätherische Öle werden als begleitende und unterstützende Mittel angewendet. Bei ernsthaften Krankheiten und in dringenden Fällen ist immer ein Arztbesuch notwendig, insbesondere bei zarten Babys, deren Zustand sich manchmal sehr rasch verschlechtern kann.

Verwende nur Öle von höchster Qualität

Für die Gesundheit deines Babys ist es extrem wichtig, dass du große Sorgfalt auf die Auswahl eines unbedingt nach therapeutischen Standards hergestellten, 100 Prozent reinen Öls verwendest, das völlig frei von synthetischen Zusätzen und jeglichen Füllstoffen ist. Leider gibt es auf dem Weltmarkt weder einheitliche Standards noch Kontrollen, was viele Hersteller oft unentdeckt zum Panschen und Strecken verführt. Bio allein heißt noch längst nicht, dass qualitativ hochwertige Ernten verarbeitet wurden oder die Pflanzen am natürlichen Standort gewachsen sind, wo sie die bestmögliche Wirkstoffzusammensetzung entwickeln konnten. Die Verarbeitung der Pflanzen, die Destillation und ein nachhaltiger, fairer Anbau sind weitere Kriterien, die für mich eine Rolle spielen.

In jeder Drogerie und in vielen Haushalts- oder Kosmetikprodukten finden sich heute Duftöle en masse, die nicht nach therapeutischem Standard hergestellt wurden – denn das sind nur zwei Prozent der weltweit hergestellten Öle. Die meisten enthalten synthetisch produzierte Aromastoffe, die toxisch wirken, Atmung sowie Hormonhaushalt beeinträchtigen und Allergien auslösen können. Bewahre dein Kind davor und gönnt euch lieber für eine kleine Ölauswahl die beste Qualität, die du finden kannst.

Unverzichtbar: ein angenehmes Trägeröl

Gute Massageöle sind pflanzliche, kalt gepresste Öle, die die natürliche Hautfunktion unterstützen und ihr Nährstoffe, Feuchtigkeit und Fettsäuren zuführen. Suche für dein Baby ein Trägeröl aus, das sich angenehm auf der Haut anfühlt, geruchsneutral ist und rasch einzieht. Indische Mütter massieren ihren Nachwuchs z. B. gern mit fraktioniertem Kokosöl. Bei uns nimmt man dies auch immer öfter oder verwendet alternativ Mandel-, Jojoba- oder Calendulaöl. Diesem Grundöl kann in einer Schale ein Tropfen duftendes ätherisches

Öl beigemengt werden. Empfehlungen, welches Öl du wofür einsetzen kannst, findest du unten.

Ein gutes Trägeröl benötigst du in jedem Fall, weil man für Babys die ätherischen Öle immer stark verdünnt verwendet. Das ist wirklich wichtig bei seinem zarten, kleinen Körper und seiner noch dünnen Haut. Bei ätherischen Ölen für Kinder ist weniger tatsächlich mehr!

Für Babys immer verdünnen

Die folgende Tabelle zeigt dir, welche Menge Trägeröl und wie viele Tropfen reines ätherisches Öl für die Altersstufen empfohlen werden. Je mehr du verdünnst, desto milder und verträglicher wird es für empfindliche Haut. Wende von dieser Mischung lieber immer erst einmal wenig an – gerade, wenn du ein für sein Alter zartes Kind hast – und wiederhole die Anwendung gegebenenfalls später. Meist ist aber schon nach einer Anwendung die gewünschte Wirkung erreicht. Ich habe oft gestaunt, dass ich zuschauen konnte, wie die Beschwerden rasch abklangen – Pflanzenzauber eben.

EMPFOHLENE VERDÜNNUNGEN VON ÄTHERISCHEN ÖLEN NACH ALTER DES KINDES FÜR 50 ML TRÄGERÖL

0–6 Monate	6–24 Monate	2–6 Jahre	6–14 Jahre
1–2 Tropfen	3–6 Tropfen	10–20 Tropfen	bis zu 30 Tropfen

Wie wende ich die Öle an?

Öle wirken entweder über die Haut oder die Luft. Für die Anwendung auf der Haut werden sie äußerlich verdünnt aufgetragen. Bei Babys nimmt man meist 1–3 Tropfen ätherisches Öl und vermischt dies mit ca. 3 EL Trägeröl – je nach Löffelgröße. Die Mischungsverhältnisse sind, wie oben beschrieben, abhängig vom Alter des Kindes und der Art des Öles. Ein vorheriger Hauttest zur Verträglichkeit wird immer empfohlen! Von der Mischung kannst du dann ein wenig auf die entsprechende Stelle auftragen – zum Beispiel auf die wunden Po oder das Blähbäuchlein oder den Mückenstich. Sehr gut und besonders effektiv wirken Öle unter Babys Fußsohlen – entweder einfach den ganzen Bereich an beiden Füßchen sanft einreiben oder wenn du dich auskennst, kannst du noch besser die Reflexzonenpunkte nehmen. Beides ist wirksam.

Unter den Fußsohlen sind unsere Hautporen am größten und sorgen durch eine rasche Aufnahme des Öles für den sofortigen Weitertransport der Wirkstoffe über die Blutbahnen an die Stelle im Körper, wo sie gerade gebraucht werden. Diese Wirksamkeit ist meist innerhalb von 20 Minuten zu beobachten. Zieh deinem Kind dann unbedingt Socken über, damit es kein Öl ableckt oder über die Händchen in die Augen bekommt.

IM NOTFALL WICHTIG: ÖLE NUR MIT PFLANZENÖL AUSSPÜLEN

Öle dürfen nicht in Augen, Ohren oder Schleimhäute gelangen. Bei auftretenden Irritationen immer sofort mit einem Pflanzenöl (Trägeröl) ausspülen, nicht mit Wasser, da Öle nicht wasserlöslich sind!

Ätherische Öle kannst du auch einatmen oder vernebeln. Indem du einen Tropfen des gewählten Öls auf ein Tuch, Kuscheltier oder die Kleidung gibst, können die wohltuenden Düfte eingeatmet werden. Die Duftquelle sollte aber nicht zu nah an Babys Gesicht sein.

Zum Vernebeln benötigst du einen elektrischen Aroma-Diffuser, der geräuscharm meist mittels Ultraschall winzige Partikel eines Wasser-Öl-Gemisches in die Luft pustet. So wird die Luft gereinigt und der Duft kann übers Einatmen entweder Atemwege heilen, die Stimmung aufhellen, beruhigen oder entspannen. In den Diffuser füllst du also Wasser und gibst je nach Alter des Kindes einen bis fünf Tropfen ätherisches Öl dazu. Es ist ausreichend, den Diffuser für 15 Minuten laufen zu lassen, damit kleine Nasen nicht überreizt werden. Du kannst den Vorgang aber mehrmals am Tag wiederholen. Zwischendurch den Raum stets gut lüften. Verwende bitte keine Öllampe mit Kerze, weil die Erhitzung die wertvollen Inhaltsstoffe des Öls zerstört und die Chemie und damit die Wirkweise des Öles verändert.

Ätherische Öle für verschiedene Lebenslagen

Zu beachten ist natürlich immer, dass jeder Mensch – egal ob groß oder klein – eine andere Körperchemie und andere Vorlieben hat. Was der eine als mild empfindet, ist für die Nase des nächsten schon sehr stark. Mancher Duft spricht einen direkt an – der wirkt dann meist auch gut –, einen anderen mag man nicht. Manchmal ist dies auch abhängig von der persönlichen Tagesverfassung. Probieren geht dann über studieren – man schnuppert sich durch seine Auswahl im Ölvorrat einfach durch und findet so für sich meist das Richtige.

Babys können das natürlich noch nicht artikulieren. Deshalb bist du gefragt. In diesem Abschnitt findest du Vorschläge zu traditionell verwendeten ätherischen Ölen, die ganz spezifisch für die Babyzeit ausgewählt wurden. Es sind alle sehr milde Öle, die meist natürlich nur entsprechend stark verdünnt Anwendung finden können. Entscheide selbst, welche du als passend für euch empfindest und probieren magst, um die Beschwerde zu lindern, die dein Baby durch Weinen äußert oder wofür es gerade sanfte Unterstützung benötigt. Mittlerweile öffnet sich auch die Schulmedizin immer mehr den traditionell überlieferten Heilmethoden, sodass du bei Fragen deine Hebamme, einen Heilpraktiker, Apotheker oder den Kinderarzt kontaktieren kannst. Ernsthafte Erkrankungen gehören natürlich stets von einem erfahrenen Arzt behandelt.

Öle, die beruhigen und beim Schlafen helfen
- Lavendel: beruhigt und unterstützt ruhigen Schlaf
- Römische Kamille: beruhigt weinende, aufgeregte Kinder
- Sandelholz: mindert Ängste, hilft übermüdeten Kindern einzuschlafen
- Orange / Mandarine: beruhigt nervöse, unruhige, ängstliche Babys
- Zypresse: fördert erholsamen Schlaf, beruhigt bei häufigem Weinen
- Weihrauch: beruhigt bei Stress, Angst, Schmerzen

Öle, die Bauchweh wegpusten
- Fenchel: lindert Bauchweh, Krämpfe, Blähungen
- Lavendel: mildert Koliken
- Römische Kamille: beruhigt den Bauch
- Zitrone: hilft bei Verdauungsbeschwerden und Darminfektionen
- Geranie: lindert Durchfall und Koliken
- Ingwer: gegen Koliken, Bauchweh, Verstopfung, (Reise-)Übelkeit und Erbrechen
- Orange: lindert Bauchschmerzen

Öle bei Windelausschlag und Hautproblemen
- Lavendel: beruhigt, desinfiziert und pflegt irritierte Haut und kleine Wunden, Verbrennungen, Sonnenbrand, schützt vor Insekten und lindert den Juckreiz von Mückenstichen, hilft gegen Milchschorf und bei Allergien
- Teebaum: zur vielseitigen Wundbehandlung, stark gegen Viren, Bakterien und Pilze
- Römische Kamille: lindert Windelausschlag, Sonnenbrand, Insektenstiche
- Weihrauch: lindert Hautprobleme und Sonnenbrand, heilt Wunden, reduziert Narben
- Myrrhe: für Nabelpflege und -versiegelung, bei Hautallergien, Geschwüren und nässenden Wunden

- Sandelholz: bei trockener Haut und Ekzemen, als Sonnenschutz
- Geranie: pflegt Haut bei Ekzemen oder Verbrennungen, gegen Milchschorf

Öle der Zahnfee
- Lavendel: mildert Zahnungs- und Ohrenschmerz
- Römische Kamille: hilft gegen Zahnungs- und Ohrenschmerz

Öle für eine schöne Stillzeit
- Lavendel: gegen Soor, Brustentzündung
- Sandelholz: bei wunden Brustwarzen
- Myrrhe: gegen entzündete Brustwarzen und Dehnungsstreifen
- Geranie: regt die Milchbildung an, hilft bei wunden Brustwarzen
- Fenchel: regt die Milchbildung an, hilft bei Milchstau
- Orange: hilft bei Mundgeschwüren
- Teebaum: gegen Soor

Öle für ein unbelastetes Zuhause
- Zitrone: reinigt, erfrischt Luft, neutralisiert Gerüche (Windeleimer, Müll, Kochen & Co.), natürliche Desinfektion zum Putzen oder Luft reinigen, Kalkentferner
- Lavendel: desinfiziert z. B. Spielzeug im Lavendelwasserbad, hält Insekten fern
- Bergamotte: schenkt Mama Zuversicht und Sonnenschein bei depressiver Stimmung

Wie du sicher bemerkt hast, tauchen manche Öle wie Lavendel als Helfer für ganz viele Situationen auf. Sie sollte man unbedingt im Haus haben.

TIPP: ÖL-HAUSAPOTHEKE

Denke darüber nach, dir eine Öl-Hausapotheke zuzulegen. Die gibt es als fertig zusammengestellte Sets von meist 10 wichtigen Grundölen. Mit ihr hast du für alle Lebens- und Krankheitslagen das Richtige griffbereit, und die kleinen Fläschchen kannst du auch überall hin mitnehmen. Aus meiner Hand- bzw. früher Wickeltasche nicht mehr wegzudenken.

Trage dein Baby ins Leben

Eigentlich braucht es sie gar nicht als Bestätigung, die vielen wissenschaftlichen Studien, die belegen, was der Mensch eigentlich bereits seit Urzeiten weiß und tut: Babys wollen ins Leben getragen werden. Über die meist ungefragten und bedingt hilfreichen Ratschläge wie „Das schadet doch dem Rücken des Kindes!", „Der bekommt ja gar keine Luft da drin!", „Ihr verwöhnt den Kleinen ja ganz schön!" können tragende Eltern nur den Kopf schütteln und sich wundern, wenn man bedenkt, dass es den Kinderwagen erst seit etwa 1880 gibt und die Menschheit Kinder schon immer herumgetragen hat. Selbst heutzutage tut dies zwei Drittel der Weltbevölkerung. Die können nicht alle irren, sondern wissen, es ist superpraktisch und der natürliche Weg.

Wenn du dein Baby auf den Arm nimmst, wirst du merken, dass es ganz automatisch seine Beinchen anzieht, in der Erwartung im nächsten Augenblick auf deiner Hüfte zu landen. An diesem schönen Platz ist es happy, weil es den Körperkontakt zu dir spürt, der ihm Sicherheit vermittelt. So kannst du es überall mit hinnehmen und gleichzeitig kann dein Kleines von diesem sicheren Rückzugsort aus die Umwelt entdecken und vielfältige Sinnesanregungen tanken. Mit einer Tragehilfe wie einem Tuch zum Binden hast du praktischerweise auch die Hände frei, wenn du dir dein Kleines vor den Bauch oder auf den Rücken schnallst. Das macht den Alltag noch mal leichter.

Wie bei der Babymassage auch, erfährt ein getragenes Kind sehr viel wohltuende Berührungen und elterliche Zuwendung, die es zu Beginn seines Lebens so dringend zum Entfalten und Glücklichsein braucht. Sie ebnen den Weg für eine gesunde körperliche und seelische Entwicklung und eine sichere Bindung deines Kindes. Schauen wir uns doch mal an, was Tragen mit Beruhigen und Kommunikation zu tun hat.

Unruhe und Schreien vermindern sich

In Studien wurde festgestellt, dass getragene Babys insgesamt deutlich weniger schreien als nicht getragene kleine Kollegen. Für die Zahlenfans unter euch: Über den Tag verteilt belief sich das im Schnitt auf stolze 43 Prozent weniger.

Gerade auch Frühchen werden weitaus ruhiger, wenn sie getragen werden. Sobald sie stabil sind, ist dies für die Eltern eine wunderbare Weise, den Minis Kraft und Lebenswillen zu geben, gegenseitig Nähe zu tanken und ihren Schatz am besten Haut auf Haut zu spüren. Solch getragene Frühchen entwickeln sich nachweislich besser, trinken besser und die anfangs erschwerte Eltern-Kind-Bindung profitiert ebenfalls ungemein davon.

In immer mehr Kliniken hat dies in den letzten Jahren auf Frühchen-Stationen dazu geführt, dass Eltern schon dort ans Tragen herangeführt werden. Mancherorts verwöhnt auch Klinikpersonal die Winzlinge, die schon ohne technische Geräte auskommen, mit dem lebenswichtigen Körperkontakt durch Tragen, wenn die Eltern nicht da sein können.

Die Methode nennt sich ganz treffend „Känguruhing". Dabei dürfen die Kleinen – auch wenn sie noch beatmet werden – als windeltragende Nackedeis senkrecht liegend auf Mamas oder Papas nackten Oberkörper Wärme und Hautkontakt genießen. So spürt das Baby natürlich auch die Atemfrequenz der Eltern und ihren Herzschlag – seine vertraute Welt! Welch ein großartiges Gefühl, das den kleinen Kerl sofort entspannt und beruhigt. Es kann Mamas und Papas Duft erschnuppern. Seine Temperatur reguliert sich automatisch. Das spart Energie, die es zum Wachsen braucht. Babys Herzschlag wird gleichmäßiger und ebenso seine Atmung. Es schläft in dieser Situation gut ein und und dies auch noch viel tiefer, was wiederum wichtig für die Entwicklung seines Gehirns ist.

In diesem Zusammenhang auch spannend für alle Eltern: Ein intensiver Körper- und Hautkontakt mit dem Neugeborenen regt Mamas Milchbildung an. Zudem bewirkt das Känguruhing sogar einen Informationsaustausch von Haut zu Haut bezüglich vom Kind benötigter Stoffe zur verbesserten Immunabwehr. Diese Infos werden über die Haut der Mutter aufgenommen – echte Muttersprache, Verständigung und Austausch auf allen Kanälen. Mamas Organismus kann dann die entsprechenden Antikörper bilden, die wiederum über die Muttermilch dem Baby zugutekommen. Toll, oder?

Auch umgekehrt gilt nicht nur für das Kind, sondern auch für seine Mama und seinen Papa, die es eng am Körper tragen: Du nimmst dein Kind nicht nur über seine Lautäußerungen wahr. Du hörst ihm vielmehr ganzheitlich mit all deinen Sinnen zu, was es sagt. An dir hast du es nicht nur ständig im Blick, atmest seinen Duft und spürst jede seiner Bewegungen bis hin zum Pochen seines kleinen Herzens. Du nimmst auch viel früher aufsteigende Unruhe wahr oder wenn sich seine Körpertemperatur ändert. So kannst du in seinem Sinne unmittelbar reagieren. Dein Baby erfährt situativ, dass Schreien nicht notwendig ist, um gehört zu werden. Durch diesen Prozess wird die Entwicklung einer ganz besonderen Feinfühligkeit möglich.

Im Grunde bildet dieses sofortige Gehört- und in seinen Bedürfnissen unmittelbar Verstandenwerden die Grundlage einer sicheren Bindung zwischen dir und deinem Baby. Diese Qualität des anfänglichen Miteinanders hat tatsächlich lebenslange Auswirkungen. Tragen ermöglicht deinem Kind einen gelassenen Senkrechtstart ins Leben!

Gut für die sensomotorische Entwicklung

Babys brauchen Anregungen und sind neugierig. Im Wagen oder Bettchen liegend sind ihrem Entdeckerdrang ziemliche Grenzen gesetzt – oft ist das frustrierend, und dann beschweren sie sich auch. Wenn du dein Kind trägst, kann es seine Umwelt mit all seinen Sinnen viel abwechslungsreicher wahrnehmen – für das Baby wahrlich bewegend in jeder Hinsicht. Seine Augen staunen, sein kleines Näschen schnuppert, die Ohren lauschen und sein Mund schmeckt – neue Eindrücke oder auch bekannte. Zusätzlich spürt es Berührungen über seine Haut und deine Bewegungen bewegen es selbst. Das regt seinen Gleichgewichtssinn an. Ihr reagiert gegenseitig auf jede winzige Positionsveränderung, auf die Atmung und euren Herzschlag. Schön, auf so einfache, natürliche Weise im Gleichklang zu schwingen.

Bei getragenen Kindern kann man sogar beobachten, wie sich im Tuch plötzlich ihr Muskeltonus reguliert. Babys mit erhöhter Muskelspannung entspannen sich sichtlich, solche mit mangelnder Muskelspannung wiederum halten ihren Kopf nun selbstständiger und richten sich auf. Und das Beste ist, dass dein Baby selbst entscheiden kann, welchen Reizen von außen es Aufmerksamkeit schenken mag und bei welchen es sich lieber abwendet. Dann dreht es sein Gesicht einfach wieder zu dir und schaltet auf Durchzug.

TIPP: SO TRÄGST DU DEIN BABY AM BESTEN

Tragen solltest du dein Mäuschen anfangs Bauch an Bauch zu dir schauend – nicht mit Blick in die Ferne nach vorn, so fällt es zum einen nicht ins schädliche Hohlkreuz und du kannst auch viel besser mit ihm kommunizieren und in Blickkontakt treten. Außerdem wird durch die Bewegungen beim „Bauch an Bauch"-Kuscheln und -Laufen Babys Verdauung angeregt – es wirkt fast wie eine Ganzkörpermassage. Tragen hilft auch bei Bauchweh, und durch die aufrechte Haltung erleichtert es das Bäuerchenmachen.

Wenn Babys ihr Köpfchen schon selbst aufrecht halten können, finden sie es auch huckepack auf deinem Rücken spannend. Werden Sie größer, können sie dir bei allem sprichwörtlich über die Schulter schauen – die ideale Gelegenheit für handlungsbegleitendes Sprechen und Babyzeichen zeigen.

Achte darauf, dass dein Kind ausreichend vom Tuch oder eurer Tragehilfe gestützt wird. Auch beim Schlafen sollte es nicht in sich zusammensinken. Schau auch darauf, dass dein kleiner Tragling zum Ablegen seines Köpfchens nicht immer dieselbe Seite bevorzugt.

Es ist übrigens nie zu spät, mit dem Tragen zu beginnen. Startest du von Geburt an, hat deine Rückenmuskulatur es aber ein wenig leichter, sich nach und nach an Babys zunehmendes Gewicht anzupassen.

Erst Bauch an Bauch, selbst Frühchen profitieren. Später auch Bauch an Rücken:
So trägst du dein Baby richtig.

Jedes Baby ist anders: eine Typologie einzigartiger Typen

Manche Kinder sind als Babys wirklich ausgesprochen pflegeleicht und gut zu lesen. Da kommt die Überraschung eventuell erst in der Pubertät auf die Eltern zu, denn die Welt ist am Ende meist gerecht. Die andere Hälfte der Babys beschert seinen Eltern unter Umständen die Herausforderungen schon gleich zu Beginn, dafür wird schrittweise alles eingespielter und leichter.

Eltern können sich das nicht aussuchen. Bleibt nur, kennenzulernen, was für ein kleines Temperamentsbündel bei euch gelandet ist.

Nimm das Kind so an, wie es ist – frei von Erwartungen, wie jemand sein sollte. Sieh die Einzigartigkeit, die euch geschenkt wurde und die es so kein zweites Mal auf unserer Welt gibt. Es ist dein Kind und du bist für sein Leben der Mittelpunkt des Universums. Lerne also kennen, was ihm an Wesensmerkmalen mitgegeben wurde, die Hälfte davon ist wahrscheinlich eh dir zuzurechnen und kann nicht reklamiert werden.

Dein Baby kennenlernen

Tja, wie es ist nun eigentlich, dein Baby? Der ruhige Typ oder eher aufgeregter, braucht es viel Körperkontakt oder eher Freiraum, viel Aufmerksamkeit oder ist es auch so mit sich selbst zufrieden? Es gibt viele Punkte, in denen man Babys Eigenheiten vergleichen kann. Ein Kennenlernen der Ausprägungen ist dabei ganz wichtig, um einfühlsam auf die Stimmungen deines Kindes reagieren und die Gründe dahinter besser einschätzen zu können. Ein bewertendes Baby-Ranking wäre grundsätzlich fehl am Platz.

In der Psychologie unterscheidet man neun verschiedene Temperamentstypen und die soziale Ansprechbarkeit von Kindern. Diese Vielfalt zeigt meiner Meinung nach sehr anschaulich, innerhalb welcher großen Schwankungsbereiche sich viele Typmerkmale eines Babys bewegen können. So wird noch einmal mehr deutlich, was für ein echtes Unikum eure Familie auf seine Weise bereichert.

Es gibt einfach viele verschiedene Menschentypen. Unser Temperament ist dabei jeweils das, was uns biologisch an Grundausstattung in die Wiege gelegt wurde. Daraus werden sich im Laufe der Jahre die eigene Persönlichkeit und der Charakter deines Kindes entwickeln, die wiederum zeitlebens formbar sind und von seiner Umwelt und seinen Lebenserfahrungen beeinflusst werden. Gene sind also nicht alles. Zu großen Teilen fällt die Prägung mit in deinen sprichwörtlich ehren- und verantwortungsvollen Aufgabenbereich.

Das Temperament ist dabei die Weise, wie sich ein Mensch in bestimmten Situationen verhält. Für Kleinstkinder beschreibt die nachfolgende Übersicht die verschiedenen Temperamentsfaktoren mit situativen Verhaltensbeispielen für die Bandbreite der möglichen Ausprägungen. Dazwischen liegen natürlich noch Abstufungen:

Rhythmizität der Körperfunktionen

Hat dein Kind eine eingebaute innere Uhr, nach der es recht verlässlich tickt in Bezug auf Mahlzeiten, Schlaf und Verdauung? Bei manchen Kindern dauert es über ein Jahr, bis sie in ihren Rhythmus gefunden haben. Eine entsprechende Regelmäßigkeit in den Abläufen gibt den meisten Babys grundsätzlich Sicherheit. Fahrplanänderungen in der Routine können für sie stressig wirken.

„Es hat regelmäßig einmal am Tag Stuhlgang." „Manchmal hat es mehrmals täglich und dann wiederum erst nach einigen Tagen Stuhlgang."

Sensorische Reizschwelle

Den einen stört die volle Windel gar nicht, der andere reagiert laut-stark darauf. Auch Reize aus der Umgebung wie z. B. Geräusche, Ge-rüche, Berührungen und visuelle Eindrücke nimmt jedes Kind anders wahr, manche ganz gelassen und unbeeindruckt, andere zucken schreckhaft zusammen. Wenn du die Signale für Überreizung bei dei-nem Kind gut erkennen kannst und berücksichtigst, ersparst du ihm viel Stress und Unruhe. Für manche Kinder sind schon zwei gleichzei-tige Reize, wie z. B. beim Stillen zugequatscht zu werden, zu viel.

„Wenn es sich am Tisch stößt, krabbelt es weiter, als wäre nichts gewesen." „Schon vom kleinsten Geräusch wird es wach."

Intensität des Ausdrucksverhaltens

Es ist wie bei den Großen auch: Jeder drückt seine Gefühle auf andere Weise aus. Manche machen laut und lange auf sich aufmerksam, andere sind eher stiller und zurückhaltender. Es gibt Kinder, deren Stimmung sich z. B. rasch ändert, wenn Mama oder Papa auftau-chen (natürlich zum Positiven!) und andere, die den Hebel des Stim-mungsbarometers nicht ganz so schnell umlegen können und noch eine Weile im bisherigen Modus verweilen.

„Wenn ihm etwas nicht gefällt, eskaliert sein Schreien sofort." „Wenn es unzufrieden ist, meckert es vor sich hin, brüllt aber nie wie am Spieß."

Ausmaß und Tempo seiner Aktivität

Bewegt sich dein Kind viel und wird unruhig und weint, wenn du seine Aktivität beschränkst, braucht es oft einen Beschäftigungswechsel? Oder ist es lange an einem Platz und beschäftigt sich mit derselben Sache?

„Es strampelt und planscht beim Baden so sehr, dass danach alles nass ist." „Es hält beim Baden meist sehr still."

Ausdauer

Versinkt dein kleiner Schatz regelrecht in der Beschäftigung mit manchen Dingen und möchte dann keinesfalls dabei gestört werden? Oder verliert sich sein Interesse meist schon nach kurzer Zeit?

„Es kann sich sehr lange mit einem Spielzeug beschäftigen." „Seine Aufmerksamkeit bleibt nie lange bei einer Sache."

Ablenkbarkeit

Lässt sich dein Kind aus der Ruhe bringen und ablenken, wenn in seiner Umgebung etwas passiert? Manche interessiert das nicht die Bohne und andere lassen sich durch absolut alles und jeden ablenken.

„Geht beim Stillen jemand durch den Raum, hört es auf zu trinken und schaut der Person so lange nach, bis sie weg ist." „Wenn es Hunger hat und noch auf sein Essen warten muss, lässt es sich nicht anderweitig ablenken, sondern beschwert sich lautstark, bis es Futter gibt."

Annäherungs- oder Vermeidungsverhalten gegenüber Neuem

Ist dein Baby der geborene Entdecker, den nichts aufhält und der neue Dinge und Personen aktiv sucht und faszinierend findet? Oder verhält es sich eher vorsichtig bis ängstlich und braucht eine Weile samt Ermutigungen, um sich an Neues zu gewöhnen und aufzutauen?

„Neue Nahrungsmittel probiert es neugierig." „Bei ungewohntem Essen verzieht es die Schnute und spuckt alles erst mal wieder aus."

Anpassungsvermögen in neuen Situationen

Wie reagiert dein Kind auf Ungewohntes wie neue Gesichter, neue Situationen und andere Orte? Manche sind sofort neugierig und interessiert. Andere erscheinen unsicherer und brauchen eine langsame Aufwärmphase und geduldige Eltern, um die Angst vor bisher Unbekanntem zu überwinden.

„Als es zum ersten Mal Brei mit Stücken bekam, spuckte es ihn aus. Nach ein paar Mal probieren, isst es ihn gerne." „Immer wenn es in seinen Schneeanzug gesteckt wird, protestiert und wehrt es sich seit Wochen vehement, solange, bis ich es ins Tuch nehme."

Stimmungslage

Natürlich beeinflusst unser Temperament und unsere Umwelt auch unsere Laune. Trotz allem gibt es Kinder, die meist kleine Sonnenscheine und überwiegend guter Stimmung sind, und andere, die einen unzufriedeneren oder ängstlicheren Eindruck machen und viel weinen. Wenn du mit deinem Kind Spaß hast, ihr euch oft gemeinsam vergnügt und so positive Gefühle austauscht, und es sich sicher und geborgen fühlen kann, dann verhilfst du ihm damit zu einer sonnigeren Grundstimmung.

„Wenn ich sein Lieblings-
kuscheltier bringe,   ⟷   „Es schaut meist ernst.“
beginnt es zu lächeln.“

Soziale Ansprechbarkeit

Hat dein Baby ein gewinnendes Wesen und ist anderen Menschen gegenüber offen und freundlich zugewandt, indem es gern Blickkontakt aufnimmt und hält? Oder ist es eher kontaktscheu, ernst und zurückgezogen und weniger an anderen interessiert?

„Es ist nimmt rasch
Blickkontakt zu anderen
Menschen auf und
lächelt sie an.“

„Es nimmt selten
Blickkontakt auf und
falls doch, erhält es ihn
nicht lange aufrecht.“

Wie man an den Temperamentsmerkmalen sehen kann, gibt es bestimmte Ausprägungen, die mehr einem „kleinen Engel“ zugerechnet werden, weil sie angenehmer für uns sind und andere, die den harmonischen Umgang mit dem Baby erschweren. Letzteres empfinden wir häufig bei den Kindern, die von klein auf eher unrhythmisch in ihren Schlaf- und Essgewohnheiten sind, die viel fremdeln, denen es schwerfällt, sich auf eine neue Umgebung einzustellen, bei denen öfter Regenwolken am Stimmungshimmel aufziehen oder deren zurückgezogenes Wesen uns verunsichert, die insgesamt unruhiger wirken, sehr oft schreien und leider auch schwerer zu trösten sind.

Das sind meist hochsensible kleine Menschlein mit relativ unvorhersehbarem Verhalten, das es uns erschwert, dieses korrekt einzuschätzen und sich darauf einzustellen. Manche senden auch weit weniger eindeutige Signale aus, was das Entschlüsseln und die Beruhigungsversuche nicht leichter macht. Es sind quasi „Überraschungskinder", denen ein besonders gutes Einfühlungsvermögen, ein langer Geduldsfaden und flexible, anpassungsfähige Chamäleoneltern gut tun. Aber ich weiß, für diese Kinder wünscht man sich manchmal insgeheim eine Glaskugel und Gedanken lesen zu können.

Lass dir helfen

Vielleicht liegen die Ursachen anstatt beim Kind, das viel weint, aber ursächlich an ganz anderer Stelle? Und das Kind spiegelt im Grunde, wie es uns geht – vielleicht ist dir ja einfach dauernd nur zum Heulen zumute? Da bist du ganz sicher nicht allein – in doppelter Hinsicht. Eine schwierige Schwangerschaft oder traumatische Geburt, der nicht planbare Faktor Depression, Babys mit Erkrankungen oder Blockaden wie beim KISS-Syndrom, die berühmt-berüchtigten Dreimonatskoliken, elterliche Sorgen aufgrund von Krisen in der Partnerschaft, Trennungen, alleinerziehend zu sein, mit finanziellen Sorgen oder sozialer Isolation zu kämpfen – all das sind zusätzliche schwere Belastungen, die sich natürlich auch auf die Eltern-Kind-Beziehung auswirken. Gibt es solche Steine im Weg, brauchst du möglichst frühzeitig Hilfe von außen, damit du sie wegräumen kannst oder deinen Weg um sie herum findest. Hol dir Hilfe und Rat durch Kinderarzt, Hebamme, Beratungsangebote und Gespräche, die dich zurück ins Licht führen. Verschließ nicht die Augen davor, damit die Spirale rasch gestoppt wird, wenn du dir verständlicherweise große Sorgen machst. Fass dir ein Herz und werde aktiv – dem kleinen Wunder zuliebe, das dir in die Arme gelegt wurde!

Besondere Herausforderung: Schreibaby

Um allen Eltern Mut zu machen, die sich selbst gerade in einer herausfordernden Situation mit ihrem neuen Nachwuchs wiederfinden, möchte ich im Folgenden noch den Erfahrungsbericht einer ganz lieben Freundin und Kollegin mitgeben, die nach dem ersten anspruchsvolleren Kind noch zwei weitere Wunschkinder ins Leben begleitet. Ihr Text fasst vieles aus diesem Kapitel noch einmal treffend zusammen: Du wächst beständig an deinen Rund-um-die-Uhr-Herausforderungen. Lass dich dabei auf dein Kind ein!

24 Stunden im Einsatz: Aus dem Leben mit einem Schreibaby (von Katharina M.)

,,,Ich bin am Ende. Mit allem. Mit mir, meinen Nerven, meinem Latein. Meine Tochter schreit und schreit. Nichts hat geholfen. Absolut nichts. Und ich kann die Tipps und Ratschläge nicht mehr hören. Es hilft einfach absolut gar nichts. Ich habe wirklich schon alles ausprobiert. Ich sitze im Garten eines Freundes, alle sitzen beisammen und grillen – und ich … beim Stillen … hinten in der Ecke des Gartens, in der Hängematte. Hänge ich die Brust nicht in ihr kleines Kehlchen, schreit und schreit sie. Nonstop. Sie hasst ihren Kinderwagen. Zum Einkaufen schleppe ich sie herum. Sie wehrt sich, bis sie dann endlich erschöpft einschläft. Dann traue ich mich nicht mehr, mich zu bewegen. An Schlaf ist nicht zu denken. Wenigstens sie kann mal ein paar Minuten ruhig schlafen.'

So oder ähnlich würde sich ein Tagebucheintrag einer Mutter eines Schreibabys lesen. Ich möchte dir hier einen Einblick geben, wie das Leben mit einem Schreibaby aussieht, und hoffe, dass die positiven Seiten eines solchen besonderen Babys offensichtlich werden.

Ein Schreibaby ist mit höchster Willensstärke und einem intensiven Temperament ausgestattet. Es merkt sehr schnell, wenn etwas nicht stimmt und dass es dringende Bedürfnisse hat, die gestillt werden *müssen*. Zusätzlich haben diese Kinder den *Willen*, die Kraft und die Ausdauer, sich die Erfüllung vehement einzufordern.

Die Bezeichnung ‚Schreibaby‘ ist wertend und leider meist abwertend. Treffender und für Eltern wohltuender sind Beschreibungen wie ‚extrem liebebedürftiges Baby‘ oder ‚24-Stunden-Baby‘. Das Wichtigste, was Eltern eines Schreibabys brauchen, ist das Zutrauen in sich (‚Bauchgefühl‘) und das Baby. Ein 24-Stunden-Baby schafft es nicht, sich selbst zu beruhigen, es braucht dazu definitiv die Unterstützung seiner Bezugsperson. Beschreiben lassen sich ‚extrem liebebedürftige Babys‘ am besten mit folgendem Satz: Diese Babys brauchen von allem mehr ... außer vom Schlaf!

Diese Babys sind **trennungsempfindlich**. Das heißt, sie akzeptieren nur selten einen Mama-Ersatz (oder Papa-Ersatz). Sie mögen auch keine neuen Umgebungen. 24-Stunden-Babys sind **Dauerstiller**. Zeitplan? – ein Fremdwort für diese Babys. Das Stillen ist oft ‚lebensrettend‘ für Mutter und Kind. Ich kann nur empfehlen, diese Zeiten zu zelebrieren. Oft sind dies die einzigen ruhigen Momente.

Sie werden ein ‚extrem liebebedürftiges Baby‘ meist am Körper seiner Bezugsperson finden. Sie fordern sich den so wohltuenden und beruhigenden **Körperkontakt** vehement ein. Alleine liegen entspricht ihnen nicht und sie können sich auch nicht selbst trösten. Ein Tragetuch ist daher überaus empfehlenswert und der Retter für das Meistern der Alltagsaufgaben.

Motorisch sind unruhige Babys **immer in Bewegung**. Dies gibt der Intensität und der hohen Sensibilität Ausdruck. Außerdem sind sie **übersensibel** und daher sehr leicht aus der Ruhe zu bringen. Sie saugen alles Neue auf und kommen dann mit der Verarbeitung nicht hinterher.

Sie sind **fordernd** und beruhigen sich erst, wenn ihr tatsächliches Bedürfnis befriedigt wird. Sie mögen keine Ablenkungs- oder Beschwichtigungsversuche. Sehen Sie dies als positive Charakterstärke – so ein Kind wird sich auch später nicht von seinen Ideen, seinem Weg abbringen lassen!

Intensiv und wach sind treffende Adjektive für 24-Stunden-Babys. Sie setzen unglaublich viel Kraft in ihr gesamtes Verhalten. Sie sind daher als bindungsstark zu sehen. Wenn auf ihre Bedürfnisse eingegangen wird, werden sich diese Babys zu charakterstarken, besonders liebevollen Kindern entwickeln, die sich intensiv für die Dinge, die ihnen wichtig sind, einsetzen und auch einen besonderen Blick für Andere haben.

‚Lass es doch mal ausschreien!' – ein Ratschlag, den (fast) alle Eltern eines Schreibabys zu hören bekommen. Aber das Schreien eines Säuglings ist ein Hilfeschrei und nicht dazu da, ignoriert zu werden. Ein Neugeborenes ist ein noch ganz instinkt- und reflexgesteuertes Wesen – es schreit, um zu überleben! Schnelles Reagieren kommt Mutter und Baby zugute! Das Baby weiß, dass seine Bedürfnisse erhört und erfüllt werden, und muss beim nächsten Mal weniger schreien. Die Bezugsperson lernt bei jedem gestillten Bedürfnis ihr Kind besser kennen und kann beim nächsten Mal noch besser reagieren oder gar vorbeugen.

Zur Beruhigung eignen sich außer das Im-Tuch-Tragen auch monotone Geräusche, die an die Zeit aus dem Bauch erinnern – wie z. B. eine laut tickende Uhr, ein Fön, Staubsauger, tropfendes oder fließendes Wasser. Ebenso trägt es zur Beruhigung bei, wenn es etwas zu sehen gibt: Spiegel, Kronleuchter, Wellen, bewegte Bäume etc. Wichtig ist hierbei, sich für ein oder zwei Dinge zu entscheiden und diese über einen längeren Zeitraum beizubehalten. Bei zu häufigem Wechsel erreicht man sonst das Gegenteil – eine erneute Reizüberflutung und neue Unruhe.

Wie gut, dass nun auch die Wissenschaft festgestellt hat, dass man ein Baby nicht verwöhnen kann. In diesem Sinne sollten die Bedürfnisse des Babys und deren Erfüllung Priorität haben. Mut machen möchte ich dazu, sich Hilfe zu holen. Allerdings nicht, um das Baby abzugeben, sondern alle anderen Aufgaben – und dadurch Zeit zu gewinnen, um das Baby in seinen entspannten Momenten genießen und beobachten zu können.

Schreien ist eine Form der Kommunikation. Wenn das gegenseitige Verstehen immer besser funktioniert, wird Schreien überflüssig. Fantastisch in unserer Familie war, dass die Babyzeichen das gegenseitige Verstehen bereits ganz früh möglich machten."

WIE DEIN BABY LERNT

Beobachten zu dürfen, wie ein kleiner Mensch die Welt um sich herum langsam entdeckt, und mitzuerleben, was in seinem Köpfchen alles an Lernvorgängen passiert, empfinde ich als großes Geschenk. Schauen wir uns doch in diesem Kapitel ein wenig genauer an, wie dein Baby Wissen und neue Fähigkeiten sammelt und verarbeitet, indem es mit wachen Sinnen aufsaugt, was ringsumher passiert. Mit diesem Hintergrundwissen verstehst du die Entwicklung und damit auch die altersentsprechenden Bedürfnisse deines stets Neues lernenden Kindes besser.

Das Gehirn füttern oder wie wir am besten lernen

Lernen geschieht schon vor der Geburt im Mutterleib. Dein Baby ist ab dem 6. Schwangerschaftsmonat voll wahrnehmungsfähig und beginnt schon in der Bauchzeit mit dem Sammeln von Eindrücken. Die rege Bautätigkeit an der Hirnarchitektur stellt in den ersten drei prägenden Lebensjahren die Weichen für jegliches Lernen für den Rest des Lebens. Nie wieder lernt dein Kind so viel und so rasch wie in seinen ersten 36 Monaten. Einen vielschichtigen Aufbau seiner Gehirnwindungen und die nachhaltige bzw. ganzheitliche Bestückung seiner Speicherplätze unterstützt du am besten auf folgende Weise:

Viele von Babys Sinnen einbeziehen

In den ersten drei Lebensmonaten steht die Entwicklung von Babys Sinnen im Mittelpunkt. In dieser untersten Basisstruktur, wo die Sinneserfahrungen wirken, arbeitet sogar unser erwachsenes Gehirn noch mit genau denselben Zellen, die sich in der ersten Zeit nach der Geburt gebildet haben. Auf die kannst du lebenslang zählen.

Und auch nur diese unterste Ebene steht mit der Außenwelt direkt in Verbindung. Die nächste, in der Gehirnstruktur darüberliegende Ebene steht mit der Außenwelt nur über die darunterliegende in Verbindung. Aus diesem Grund ist für dein Baby ein direktes, vielfältiges sowie ganz intensives Erfahren und Erforschen seiner Welt mit all seinen Sinnen von so großer Bedeutung.

BEISPIEL AUS DEM BABYALLTAG

Je mehr Sinne einbezogen sind, desto mehr Speicherplätze hat dein Baby für ein und dieselbe Information und kann sie so auch besser wieder abrufen. Wenn ein Baby z. B. das neue Wort „Ball" nicht nur hört, wenn du es aussprichst, sondern es auch sehen kann, weil deine Hände die Form des Balls als bildhafte Geste dazu nachzeichnen, während ihr zusammen auf den Ball schaut und dein Baby dazu auch den Ball berühren und in den Mund stecken darf, sind bei ihm alle Antennen auf Empfang in einem sprichwörtlich „sinnvollen" Moment, um diesen neuen Begriff mit allen Sinnen zu begreifen.

Babys Lerntyp berücksichtigen

Welcher Lerntyp bist du selbst? Eher der visuelle, der alles anschauen möchte, der haptische, der etwas anfassen muss oder der akustische, der nur zuhören braucht? Natürlich gibt es auch noch Mischtypen.

Zu welcher Gruppe unser Baby gehört, können wir anfangs nicht genau sagen. Das führt uns also wieder zu dem obigen Punkt zurück. Wenn du ihm eine sinnreiche Umwelt für seine Entdeckungen bietest, erweitert es sein Weltwissen auf seinem Lieblingslernkanal ganz eigenständig. Spätestens zur Schulzeit bekommst du dann heraus, welcher Weg deinem Kind besonders liegt.

BEISPIEL AUS DEM BABYALLTAG

Anfangs wandert alles in den Mund – so machen sich die Kleinsten am besten ein Bild von der Welt. Schränke diesen Lernweg nicht ein, nur aus Sorge, es könnte zu viele Keime mitschlecken. Dein Baby trainiert auf diese Weise graue Zellen und Immunsystem gleichzeitig.

Auf bereits Gelerntem aufbauen

Man muss sich den Gehirnaufbau etagenweise vorstellen, haben wir oben gesagt. Wenn dein Kind schon eine „Ente" kennt, dann kann es auf diesem Basiswissen aufbauen und weitere neue Informationen direkt an dieser Stelle anknüpfen. Das kann sein „macht nack, nack", „lebt im Wasser", „kann schwimmen", „hat einen Schnabel". So entsteht ein Enten-Wissen-Netzwerk.

BEISPIEL AUS DEM BABYALLTAG

Wenn ein Baby sprechen lernt, sind oft erst mal alle Vierbeiner „Wauwau" oder alle Männer „Papa" und alle Piepmätze „Vogel". Dein Baby hat für diese verschiedenen Kategorien dann erst einmal großzügig bemessene Schubladen entwickelt und stopft anfangs eben alles, was ähnlich ist, in dieselbe. Aus seinen wachsenden Erfahrungen heraus unterteilt es diese Schubladen schrittweise in neue Unterkategorien.

Bei den Vierbeinern gibt es dann Hunde, Katzen, Pferde, Schafe usw., die später auch wieder verfeinert werden in Katze und Kater und Kätzchen usw. Beim Prototyp Vogel gibt es dann Abteilungen für Spatz, Amsel, Taube, Uhu, Storch, Papagei, Möwe etc.

Genügend Wiederholungen und Schlaf zum Festigen

Je öfter ein Reiz durch eine entsprechende Wiederholung von Sinneseindrücken über eine zuvor gebildete Synapsenverbindung läuft, desto stabiler wird diese Verbindung und läuft nicht Gefahr wegen Nichtnutzung irgendwann wieder abgebaut zu werden. Die Wiederholung macht's also.

So sind Babys ja auch vorprogrammiert und können von „noch einmal" meist nicht genug bekommen. Außerdem lernt dein Baby sprichwörtlich im Schlaf. Ein Nickerchen nach dem Lernen festigt laut Studien das Langzeitgedächtnis und lässt uns das Gelernte besser im Gedächtnis abspeichern. So werden die Erinnerungen an Fakten und Ereignisse dauerhafter verankert, denn vermutlich wirkt sich Schlaf auf die Bildung neuer Synapsen im Gehirn aus. Deshalb schläft dein Baby auch so viel. Es dient seinem Wissens-Back-up.

BEISPIEL AUS DEM BABYALLTAG

Stundenlang macht es deinem kleinen Schatz mit enormer Ausdauer Spaß, Spiele und Handlungen zu wiederholen, z. B. im Hochstuhl sitzend irgendetwas immer wieder auf den Boden zu feuern. Damit beschert es seinen Datenautobahnen im Hirn die nötigen Durchläufe im Verkehrsaufkommen, damit neues Wissen vom aktuellen Arbeits- auch in den Langzeitspeicher transferiert wird.

Deinem Baby soll es Spaß machen

Lernen funktioniert nur dann gut, wenn es mit positiven Gefühlen – also viel Spaß – verbunden ist. Angst, Druck und eine hohe Erwartungshaltung von Bezugspersonen lähmen uns und blockieren den Lernerfolg, weil dann im Gehirn Stresshormone ausgeschüttet werden, die das Lernen verhindern. Selbstredend, dass aufgezwungene Lernprogramme für Babys wenig bringen.

Man kann Babys in dem Sinne nichts „lehren". Du kannst ihm nur Angebote machen, es teilhaben lassen. Es entscheidet selbst, was es vom Spielangebotsbuffet probieren möchte. Sei anwesend, gib deinem Baby Rückversicherung und Infos dazu, wenn es aufnahmebereit ist. Wenn es jedoch ganz selbstversunken etwas Neues sprichwörtlich „begreift", dann gönn ihm diesen intensiven Lernmoment mit sich selbst so lange, wie es ihn allein genießen mag.

BEISPIEL AUS DEM BABYALLTAG

Überlege beim Spielen immer gut, woran dein Baby gerade selbst Freude haben könnte und wobei es aktiv sein kann. Wenn ihr zwei z. B. gerade mit Bauklötzen zugange seid, liegt der Spaßfaktor bei einem jüngeren Baby wahrscheinlich noch nicht darin, geduldig einen Turm aufzuschichten. Auch warten ist noch nicht seine Stärke. Aber wenn es das Bauwerk umwerfen darf, kannst du es in dem Moment trotzdem schon die Konzepte „warten" (am besten mit Geste) oder „stopp" (auch mit Geste) sowie „kaputt" und „noch mal" erleben lassen.

Vermittlung durch echte, lebende Menschen

Wie schön ist es, wenn sich jemand anderes auch brennend für das interessiert und begeistern kann, was dein Baby aus dem Hochstuhl lockt. Geteilte Freude ist auch hier doppelte Freude. Das geht aber nur mit real existierenden Personen, am besten den eng vertrauten.

Du bist Babys Vorbild, das Baby ist dein Follower und Nachahmer. In seinem Gehirn wirkt tatsächlich alles, was dein Baby an Handlungen und Empfindungen bei dir beobachten kann, so, als hätte es dies leibhaftig selbst erlebt. Diese clevere Einrichtung des Gehirns sind die sogenannten Spiegelneuronen. Babys lernen durch Spiegelungen und Nachahmen. Mehr zu Spiegelneuronen und dem Sozialkontakt beim Lernen erfährst du auf den nächsten Seiten.

BEISPIEL AUS DEM BABYALLTAG

Ich gebe zu, es gibt Situationen, wo man selbst mal dringend 5 Minuten ohne Baby braucht, z. B. um zu duschen. Wenn du relaxed statt unsicher in deine kurze Wellness-Pause gehst, fällt dies deinem Kind auch leichter. Für solche Momente solltest du dir sein spannendstes Spielzeug aufheben, damit es sich selbst eine Weile beschäftigen kann, anstatt einen elektronischen Babysitter zu bemühen. Der reicht eh nicht an dich heran – du bist daheim der unangefochtene Star, auch wenn manche Kinder wie gebannt vor dem Programm des Baby-TVs zu sitzen scheinen. Sie können das Unbelebte, Zweidimensionale noch nicht verarbeiten, dabei lernen sie nichts und die nächste Schreiphase wegen Überreizung wartet schon um die Ecke.

Babys Wahrnehmung und seine Sinne

Der Auf- und Abbau von Verschaltungen im Gehirn in den ersten Lebensjahren dient der Anpassung deines Babys an seine neue Umwelt. Das sichert sein Überleben. Ist dafür das Wichtigste erledigt, verlangsamt sich dieser Prozess. Die vorhandenen Netzwerke werden dann – vereinfacht ausgedrückt – hauptsächlich dazu verwendet, Sinneswahrnehmungen aufzunehmen und jeweils zu prüfen, welche Bedeutung ihnen gerade beizumessen ist und ob es wert ist, sie im Gedächtnis abzuspeichern.

Die Verhaltensweise deines Kindes und seine Reaktionen auf seine Umwelt richten sich danach, wie es in dem jeweiligen Moment die Umwelteindrücke wahrnimmt und welche Bedeutung diese Eindrücke in den vorher angelegten Netzwerken seines Nervensystems haben. Die Bedeutung leitet sich aus seinen bisherigen Erfahrungen ab. Sie können positiv sein (z. B. bei liebevoller Zuwendung) oder negativ (z. B. bei mangelnder gefühlsmäßiger Zuwendung, Schmerz oder Trennung).

Alle Kanäle auf Empfang

Dein Baby kann ab Geburt auf all seinen Sinneskanälen Reize aufnehmen. Auf manchen besser als auf anderen, da bestimmte Wahrnehmungsfähigkeiten erst noch weiter ausreifen müssen. Sein Gehör und sein Tastsinn sind es bereits vollständig – lange schon, bevor es auf die Welt kommt. Schauen wir uns mal an, welche Gaben ihm mitgegeben wurden und was es schon ganz früh erlernt in einer Umgebung, die seine Sinne anregt.

Hören

Der Hörnerv bildet sich beim Fötus in der 24. Schwangerschaftswoche aus. Da im Bauch eine fortdauernde Geräuschkulisse zu hören ist, mögen Babys, wenn sie auf der Welt sind, auch erst mal keine absolute Stille. Die kannten sie bisher nämlich nicht. Was sie dagegen beständig wahrnahmen, war der Herzschlag ihrer Mutter. Ihr Ruhepuls hat in der Regel um die 70 Schläge in der Minute. Wenn man dies nachahmt, kommen schreiende Babys rasch selbst zur Ruhe. Bei einem Puls von 120 werden hingegen auch tiefenentspannte Kinder plötzlich unruhig und beginnen zu weinen. Also drossele dein Tempo im Alltag auf 70 Herzklopfer.

Schon Neugeborene haben eine Vorliebe für menschliche Stimmen – allen voran die der Mama. Sie wenden ihren Kopf sogar schon der Geräuschquelle zu. Sind sie gerade mal vier Wochen auf der Welt, schaffen sie es bereits, so ähnlich klingende Laute wie „m" und „n" oder „p" und „b" akustisch auseinanderzuhalten!

TIPP: SPRICH VIEL MIT DEINEM BABY

Sprich mit deinem Baby von Anfang an so oft es geht, singe ihm etwas vor, auch wenn es selbst erst mal nur seine kleinen Lauscher aufstellt und fasziniert deiner vertrauten Stimme zuhört. Das Bad in Sprache und in Melodien ist sehr anregend für deinen Schatz. Bestimmt kannst du auch beobachten, dass dein Baby seine Bewegungen mit deiner sprachlichen Zuwendung koordiniert. Machst du eine Sprechpause, hält es selbst auch inne. Wenn du sprichst, bewegt es sich intensiver und rascher, abgestimmt auf deine Intensität und Sprechgeschwindigkeit. Testet es mal im trauten Zwiegespräch!

Fühlen und Bewegen

Unser erster Kontakt mit der Welt findet über die Haut statt. Im Gehalten- und Berührtwerden kann dein Baby neue Tasterfahrungen sammeln und lernt so auch die Grenzen seines kleinen Körpers kennen. Seine Bewegungsmuster werden geschult durch die Weise, wie du es aufnimmst, wenn du es auf deinen Arm hebst, wie du es bewegst, trägst und schaukelst. Zum Fühlen gehören ab Geburt nicht nur das Tasten, sondern sowohl auch die Bewegungseindrücke, die dein Kind sammeln kann, wenn es bewegt wird, als auch die Wahrnehmung, was sein Körper kann – seine Mundwahrnehmung, der Einsatz seiner Muskeln und Gelenke und später das eigene Fortbewegen. Das Gleichgewichtsorgan bildet sich schon in der 12. Schwangerschaftswoche aus.

TIPP: BABYPFLEGE MIT GEMEINSAMEN BEWEGUNGEN

Würde es dir gefallen, wenn du z. B. beim Wickeln oder Umziehen wie eine bewegungslose Puppe passiv daliegen und alles mit dir geschehen lassen sollst? Babys mögen das auch nicht. Es geht aber auch anders, denn Säuglinge können sich schon durch eigene Bewegungen aktiv an täglichen Pflegehandlungen beteiligen, wenn wir ihnen dazu Impulse und Hilfestellung bieten – ob beim Wechseln der Windeln, beim Baden, Füttern, Umziehen oder Herumtragen. Das macht sie auch viel zufriedener und fördert zudem nicht nur das harmonische Zusammenspiel zwischen dir und deinem Kind, sondern hilft deinem Baby auch, seinen Körper bewusster zu spüren und unterstützt seine eigenen Fähigkeiten, sich zu drehen, zu stützen, zu strecken, aufzurichten oder die Füßchen zum Abdrücken zu benutzen. Wer sich mit dieser Methode der Bewegungslehre – dem sogenannten *Kinaesthetic Infant Handling* – beschäftigt, lernt, verstärkt auf ein sensibles, respektvolles Zusammenspiel zu achten, bei dem natürliche Bewegungen angeregt und die Eigenaktivität gefördert werden.

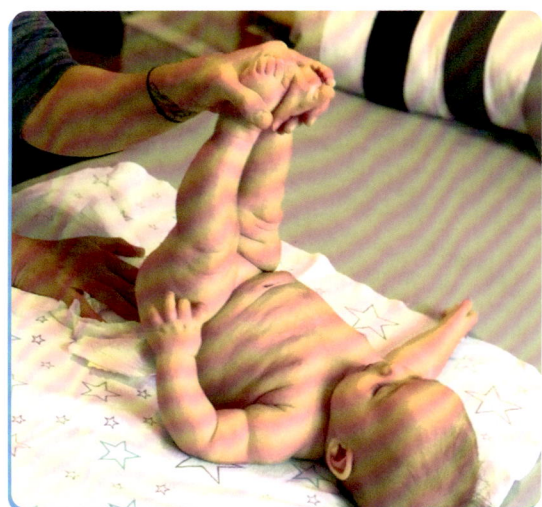

Einseitig-inaktives Wickeln, bei dem die Beine des Kinds hochgehalten werden und es selbst nicht aktiv werden kann.

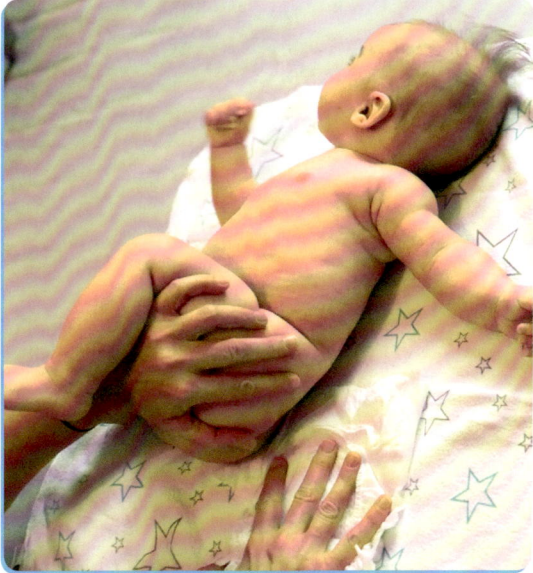

Aktives Wickeln: Der Säugling bekommt am Hüftgelenk den Impuls zur eigenen Spiraldrehung in die Seitenlage

Sehen

Ab dem ersten Tag erkennt dein neugeborenes Baby das Gesicht seiner Mama. Der Haaransatz an der Stirn und der Umriss deines Kopfs sind besondere Erkennungsmerkmale. Mit 2–3 Monaten erwacht das Interesse dann auch an Augen, Nase und Mund. Ist es 4 Monate alt, erkennt es auch die Gesichter von anderen bekannten Menschen wieder. Mit 6 Monaten kann es lässig auch die Ausdrücke in diesen Gesichtern interpretieren – Forscher vermuten, dass manche Babys dies aber schon viel früher, einige mit einem, andere mit 3–5 Monaten können. Auch das Farbensehen ist früh möglich: Dein Neugeborenes kann bereits Rot und Grün unterscheiden. Anfangs mag es besonders auffällige Kontrastmuster in hell und dunkel und lieber senkrechte als waagerechte Streifen. Das hängt mit seiner Präferenz für Gesichter zusammen. Auch die Ecken von Gegenständen findet es besonders spannend. Schon sehr früh kann es Gegenstände in seinem Blickfeld mit den Augen verfolgen. Mit etwa zwei Monaten hält es Blau und Gelb sicher auseinander. Im Alter von drei Monaten mag es Gelb und Rot lieber als Blau und Grün.

 TIPP: OPTIMALER ABSTAND BEIM STILLEN

Im klassischen Stillabstand von etwa 20–25 cm kann dein Baby dich am besten erkennen und wahrnehmen. Halte es also so nah an dir und sprich mit ihm (intuitiv sicher in sogenannter Ammensprache mit höherer Stimme und mehr Singsang) und setze deine Mimik dabei bewusst ein. So hat dein Baby sichtlich seinen Spaß an eurem Small Talk.

Schmecken

Dein Baby kann schon im Mutterleib bitter und süß unterscheiden. Von Natur aus sind wir geprägt auf Süßes. Weitere Prägungen erfahren wir durch die Geschmacksrichtungen von Mamas Nahrung in der Schwangerschaft und Stillzeit. Es wurde nachgewiesen, dass frühere Flaschenkinder im Alter ab 4 oder 5 Jahren auffällig häufig saure oder bittere Lebensmittel bevorzugen, also eher der „Saure-Gurken-Typ" als das süße Leckermäulchen sind. Das liegt daran, dass Ersatzmilch leicht saure und bittere Stoffe enthält, an die sie bereits gewöhnt sind.

Riechen

Bestimmte Geruchsvorlieben sind erfahrungsunabhängig bei uns angelegt. Spätestens im siebten Schwangerschaftsmonat scheint der olfaktorische Sinn zu funktionieren. Ab dann beginnt dein Kind auch, bestimmte Duftvorlieben zu entwickeln. Es erkennt die Aromen der Nahrung, die seine Mama in der Schwangerschaft aufgenommen hat. Genauso trägt eine abwechslungsreiche Ernährung in der Stillzeit dazu bei, dass dein Baby über die Muttermilch weitere Aromen kennenlernt. Stillkinder akzeptieren nachweislich oft neue Gerüche und Geschmacksrichtungen schneller als Flaschenkinder. Die Tage und Wochen nach der Geburt sind für das Erlernen von Gerüchen besonders bedeutsam. Allerdings hat auch die Natur deinem Baby verschiedene Vorlieben vorgegeben, wie z. B. die Prägung auf den Duft von Muttermilch. Dieser Duft schafft es sogar, Babys Schmerzen zu lindern, wenn dem Kleinen z. B. Blut abgenommen werden muss. Und natürlich ist es auch auf deinen Körpergeruch geeicht und kann dich daran in einer großen Horde Mütter wiedererkennen.

TIPP: MAMAS DUFT BERUHIGT

Dass dein Baby deinen Duft erkennt und liebt, kannst du dir zunutze machen, indem du ihm zum Beruhigen beim Schlafen oder bei Trennungen ein Schnuffeltuch oder Ähnliches gibst, das du vorher am Körper getragen hast. So begleitet ihn sein Lieblingsduft Mama.

Leider können frühe Geruchserfahrungen auch negative Folgen haben, denn der Tabakgeruch bei einer rauchenden Mutter ist sowohl im Fruchtwasser als auch in der Muttermilch wahrnehmbar. Da dieser dem Kind ganz früh vertraut ist und damit positiv bewertet wird, besteht, so zeigen Studien, leider auch eine hohe Wahrscheinlichkeit dafür, dass diese Kinder als Jugendliche regelmäßig rauchen werden.

CREMEGERUCH STÖRT NICHT BEIM STILLEN

In einem Versuch kam zutage, dass Babys von Frauen, die ihre Brust vor dem Stillen wiederholt mit einer Kamillensalbe eincremten, diesen Duft innerhalb weniger Tage auch mit Stillen assoziierten. Die Anziehungskraft des Kamillendufts war dann genauso stark wie der der Milch. Diese erlernte Vorliebe war sogar noch sechs Monate nach dem letzten Eincremen abrufbar. Wenn du also für wunde Brustwarzen Lavendelöl oder Ähnliches verwendest, was deinen Eigen- oder den Milchgeruch überdeckt, musst du dir keine Sorgen machen. Dein Baby ist lernfähig und nimmt den neuen Duft in seine Geruchskartei auf.

Ganzheitliche Wahrnehmung

Vom großen Ganzen zum Kleinen – so könnte man den Entwicklungsprozess der Kleinen beschreiben. Sie schaffen es schon mit 3–4 Monaten, Gegenstände als Ganzes zu erfassen. Sie erleben etwas nicht nur auf einem Sinneskanal und müssen dann Bruchstücke an Eindrücken schrittweise miteinander verbinden, wie man sehr lange glaubte. Nein, eher umgekehrt. Sie zerlegen das Ganze in kleinere Teile – eine echte Abstraktionsleistung! Dein Kleines ist geistig schon so fit, dass es bereits im zarten Babyalter seine Wahrnehmungen koordinieren und von einem Sinneskanal in den anderen übersetzen kann. Man sollte Säuglinge nicht unterschätzen.

Sozialkontakt, Spaß und Spiegelneuronen

Du selbst wie auch alle anderen engeren Familienmitglieder, ihr seid auf ganzer Linie die großen Vorbilder deines Babys und seine Lieblingsgesprächspartner. Dein Baby erforscht neugierig die Welt und will alles von euch erklärt bekommen. Die emotionalen Erfahrungen, die dein Kind innerhalb dieser Gruppe bzw. Familie, zu der es gehört, machen kann, bilden die Grundlage, auf der es seine Welt ordnet und deutet. Von euch lernt es soziale Kategorien wie „Ja" und „Nein", „gut" und „nicht gut" sowie die geltenden Werte und Regeln. Räumt es z. B. die Küchenschublade aus, so vergewissert es sich ab etwa 10 Monaten durch Blicke, ob das, was es tut, gutgeheißen wird oder nicht. Jede Erfahrung, die dein Kind sammelt, wird dabei mit den Emotionen, die es erlebt hat, verknüpft, bewertet und abgespeichert. Auf diese Weise bestimmen besonders die Gefühle von Babys auf Entdeckertour maßgeblich die Architektur seines Gehirns.

Schon früh gibt dein Baby dir recht unmissverständlich zu verstehen – über Blickverhalten, Körpersprache und Dunstan-Laute –, ob es eine Unterhaltung wünscht oder lieber gerade seine Ruhe hätte. Wie bei uns Erwachsenen auch, ist das Ausdrucksverhalten deines Babys Typsache. Small Talk mit Neugeborenen fällt eher kurz aus und ist nur etwa fünf bis zehn Minuten möglich, da sie eine kurze Aufmerksamkeitsspanne haben und rasch ermüden oder überreizt werden. Babys mit einem halben Jahr hingegen sind schon in der Lage, sich bis zu eine halbe Stunde auf etwas zu konzentrieren. Aber auch hier ist jedes Baby einzigartig.

Beziehungen bestimmen das Leben

Das Lernen deines Babys ist untrennbar in seine Sozialkontakte eingebettet. Dabei sind seine Wahrnehmungen, seine Gefühle, die Beziehung und Bindung zu seinen Bezugspersonen, sein Bewusstsein und die ihm eigene Persönlichkeit eng miteinander verflochten. Jeder dieser Teilaspekte wirkt sich auf die anderen Teilaspekte aus und ist ebenso von diesen abhängig.

Wie schön sich das anfühlen kann, erlebst du wahrscheinlich etwa im dritten Monat, wenn dein Babylein dich das erste Mal anlächelt. Dein Herz geht auf und scheint beinahe überzufließen vor Glück. Das spürt auch dein Kind. Außerdem ist es nun in der Lage, seine Kopfhaltung und sein Blickverhalten bewusst zu steuern und erscheint dir wacher, kontaktfreudiger und interessierter an seiner Umwelt. Die Freude und die liebevolle Zuwendung, die dein Baby durch sein Verhalten bei dir hervorruft, beeinflussen wiederum die weitere Entwicklung eurer Beziehung und eure Eltern-Kind-Bindung. Dieser Effekt verstärkt sich gegenseitig und führt zu mehr Austausch, Nähe und schönen gemeinsamen Momenten.

Spürst du schöne Gefühle, so erfährt auch dein Kind wertvolle Bestätigung. Sein Selbstbewusstsein entwickelt sich dann umso besser. Es wird gestärkt, weil ihr beide Spaß an der Unterhaltung habt und euch dabei sichtlich wohlfühlt. Für dein Baby ist es jedoch besonders wichtig, dass du feinfühlig mit ihm umgehst und sensibel erkennst, wann es Kontakt mit dir wünscht oder sich für ein Spielzeug interessiert und wann nicht. Du kannst dich darauf verlassen, dass dein Kleines dies schon zeigt.

Spielen und all seine Entdeckertouren sind für dein Baby richtig anstrengende Arbeit. Durch die Vielzahl an Reizen, die verarbeitet werden müssen, entsteht Anspannung für das Kind. Je mehr es dann von deiner einfühlsamen Begleitung profitiert und dich als sichere Basis erlebt, desto besser kann dein Kind das Erlebte verarbeiten und Selbstregulierung bei Anspannungen erlernen.

Beim Lernen in solchen mit Mama oder Papa geteilten Augenblicken kommt dem Baby eine ihm von der Natur mitgegebene Einrichtung in seinem Gehirn besonders zugute: die Spiegelneuronen.

Was genau sind Spiegelneuronen?

Spiegelneuronen sind eine Art Resonanzsystem im Gehirn. Die Gefühle und Stimmungen anderer Menschen – z. B. deine Freude oder dein Ärger – stecken auch unser Gegenüber an. Du kennst das ja: Gute Laune steckt an, oder? Diese speziellen Nervenzellen machen uns zu mitfühlenden Wesen. Besonders spannend in Verbindung mit Babys ist nun, dass diese Zellen bereits dann schon Signale in Babys Gehirn aussenden, wenn dein Kind eine Handlung bei einem anderen Menschen nur beobachtet. Seine Spiegelneuronen reagieren in diesem Fall genauso, als ob es das Gesehene selbst ausgeführt hätte, obwohl es das noch nicht kann. Auf diese Weise lernt es durch genaues Beobachten, Abschauen und Nachahmen dessen, was wir so den lieben langen Tag treiben.

Du musst dir das so vorstellen: Wenn du beobachtest, wie sich jemand mit dem Hammer auf den Finger haut, erlebst du selbst ein Unbehagen und kannst nachempfinden, wie sich der Schmerz des anderen anfühlt. Deine (und auch Babys) Spiegelneuronen reagieren nicht nur, wenn du dich freust oder Schmerzen hast, sondern diese Zellen werden auch aktiv, wenn du diese Empfindungen bei jemand anderem wahrnimmst.

Schon wenige Stunden nach der Geburt können Babys reflexbedingt Gesichtsausdrücke nachahmen. Neben dem überaus beliebten Rausstrecken der Zunge klappt dies auch mit dem Bilden eines O-Munds, dem Ziehen einer Schnute, dem Schürzen der Lippen oder Blinzeln. Generell entsprechen Spiegelungen dem emotionalen Grundbedürfnis aller Babys. Allerdings entwickelt sich die Fähigkeit zu spiegeln nicht von allein. Dazu braucht das Baby dich als Partner, damit du diese Spiegelungen aktivierst und ihm beim Einordnen hilfst.

DEIN BABY VERSTEHT HANDLUNGEN, BEVOR ES SIE SELBST AUSFÜHREN KANN

Neuere Untersuchungen wie z. B. von der Universität Chicago zeigen, dass schon 5–6 Monate alte Babys die Handlungen anderer Menschen als zielgerichtet erkennen können – egal ob es sich um bereits bekannte oder ganz neue und noch unbekannte Handlungen dreht, bei Letzterem allerdings nur, wenn sie von einem deutlich erkennbaren Effekt begleitet sind. Dein Baby kann daher schon deine Handlungen und die anderer verstehen, obwohl es selbst noch gar nicht in der Lage ist, diese Handlungen eigenständig auszuführen. Auch hier gibt es wieder die Parallele zum Sprechen: Es versteht ja auch schon viel früher, was du zu ihm sagst, bevor es dies selbst sprechen kann.

Forschergeist in Windeln

Bis das Baby 3 Monate alt ist, sind Baby und Eltern eine symbiotische Einheit. Erst danach zwischen 4–6 Monaten erlebt sich das Baby schrittweise als schon etwas unabhängiger. Es beginnt deutlicher kundzutun, was es braucht, es schafft es, nach Gegenständen zu greifen, produziert bewusst Laute, handelt insgesamt absichtsvoller und nimmt dadurch auf sein Umfeld aktiv Einfluss. Warst du und dein Gesicht zuvor Aufmerksamkeitsmagnet Nummer eins, so wirst du in diesem nächsten Altersabschnitt nun zum Handlanger: Gegenstände anreichen, aufheben, Dinge bringen und zeigen. Dein Baby ist nun weniger an Small Talk und Gesichter angucken interessiert, sondern auf dem Entdeckertrip und du darfst als sein persönlicher Assistent mit auf die Reise kommen. Es wird erforscht, was das Zeug hält. Spielzeug, das Ursache und Wirkung erkennen lässt, fasziniert es besonders: Knöpfchen drücken und ein Ton kommt oder noch besser ein Licht geht an – das sind die täglichen Wow-Effekte, über die ihr nun zusammen staunen könnt!

Im Zuge dieser Weiterentwicklung lernen Babys schrittweise die sogenannte Objektpermanenz zu verstehen – sie wissen nun, dass Dinge, die sich momentan nicht mehr in ihrem Blickfeld befinden, sich trotzdem nicht in Luft auflösen. Das kannst du testen, indem du ein Spielzeug mit einem Tuch abdeckst. Hebt dein Baby dieses hoch, dann hat es diesen Schritt schon gemeistert. Ebenso beim Hinunterwerfen von Gegenständen: Schaut das Baby nach, wo dieser hingefallen sein könnte, weiß es, es gibt ihn noch, auch wenn ich ihn gerade nicht sehen kann.

Die Achtmonatsangst

In diesem Entwicklungsschritt beginnen Babys auch, zwischen bekannten und fremden Personen zu unterscheiden. Plötzlich wird ein ehemals sehr umgängliches, freundliches Baby ängstlich, scheu und beginnt vielleicht sogar zu weinen, wenn es angesprochen wird. Es zieht sich vor anderen Menschen lieber rettend zurück auf Mamas Arm. Manche Kinder verbergen dann ihr Gesicht an der Schulter und mögen keinen Kontakt, andere tauen an der sicheren Basis aber rasch wieder auf und flirten neugierig und munter drauf los.

Umgangssprachlich nennt man diesen Entwicklungsschritt entweder „Fremdelphase" oder auch „Achtmonatsangst". Deinem Baby wird bewusst, dass es andere Menschen außer seiner gewohnten Familie gibt und es erkennt, dass diese nicht die vertraute Mama oder der Papa sind. Rasch braucht es Rückversicherung, dass der Mittelpunkt seines Universums aber noch weiterhin verfügbar ist. Diese Rückversicherung ist ihm existenziell wichtig. Nur wenn es deine Nähe und die damit verbundene Sicherheit spürt, hat das Kleine die Kraft und Ruhe, seine Umgebung zu erkunden und entspannt zu lernen.

Ist dies nicht der Fall, entstehen Unsicherheit und Angst und die erschweren das Lernen und die Erweiterung des Bewegungsradius merklich. Das kindliche Bedürfnis nach Nähe und Schutz ist in der Regel größer als der Entdeckerdrang. Das Kind braucht in dem herausfordernden Zwiespalt zwischen neugierigem Erkundenwollen und seinem großen Bedürfnis nach Geborgenheit immer wieder den sicheren Hafen zum Auftanken.

Lernen durch Zu- und Abschauen

Menschenkinder lernen durch Imitation dessen, was wir ihnen zeigen und sie miterleben lassen. Uns wohnt bis ins Erwachsenenalter ganz unbewusst der Drang innen, andere nachzuahmen. In der menschlichen Lernkultur liegt die Kernkompetenz nicht im geduldigen Problemlösen, sondern in der Imitation. Und die beruht auf dem Übernehmen der Perspektive seines Gegenübers. So lernen Kinder von Erwachsenen auch die schwierigen Regeln der Sprache, der Schrift, von Mathe usw. Dabei sein und zugucken zu dürfen, ist daher für die Kleinen jeden Alters Gold wert.

Beobachtungsstudien zeigen, dass Kinder besonders gut von älteren Kindern lernen. Im Umgang mit den Großen wird ihnen auch das soziale Rüstzeug vermittelt. Und dies kommt beiden Seiten zugute, denn Psychologen haben beobachtet, dass ältere Kinder, die mit jüngeren spielen, unbewusst „Entwicklungsbrücken" bauen. Die Jüngeren müssen sich körperlich, emotional und mental „recken und strecken", um diese zu bewältigen. Und das spornt wiederum an, es den Großen gleichzutun. Und auch die älteren Kinder profitieren vom Spiel mit den Kleineren. Sie zeigen sich kreativer und gestalten simple Spiele, die sie eigentlich schon längst beherrschen und die sie gewöhnlich nicht mehr interessieren, auf einmal fantasievoller für ihre jüngeren Kollegen.

Lernen und Verinnerlichen durch Selbsttun

„Hilf mir, es selbst zu tun!", das ist eine der Kernthesen der Pädagogik von Maria Montessori, die du dir wirklich zu Herzen nehmen solltest. Lass dein Kind sowohl beobachten, was du tust, aber auch selbst einfach machen, ausprobieren, experimentieren. Es entwickelt dabei Ausdauer, Hartnäckigkeit, findet eigene Problemlösungen und kann sich über seine eigenen Erfolge viel tiefer freuen. So zeigen Eltern ihrem Kind am besten, wie etwas geht, und lassen es dies nachahmen, übernehmen diese Handlung aber nicht fürs Kind. Dein Kleinkind kann und will es allein meistern. Aus Fehlern hat es die Chance, für sich zu lernen.

Habe selbst Geduld und sei dir bewusst, dass dieser Weg zwar etwas länger dauert, aber für dein Kind viel erfüllender und nachhaltig lehrreicher ist. Wenn du ihm dabei emotionalen Rückenwind und Bestärkung gibst, dass es das alleine schafft, tut ihm das unheimlich gut genauso wie der Zuspruch, so sein zu dürfen, wie es ist. Das verleiht Flügel. Also bitte nicht vorschnell zu Hilfe eilen, sonst bringt man sein Kind um das Erfolgserlebnis, es selbst zu können. Eröffne ihm vielmehr die Möglichkeit, seinen Bedarf nach Hilfe selbst kundzutun (z. B. mit dem Babyzeichen für „helfen") anstatt sie wenig achtsam einfach überzustülpen. Denn sonst kommt die Hilfe entweder zu früh oder zu spät, ist unter seinem Niveau oder über seinen Kopf hinweg. Das mögen wir selbst ja auch nicht.

Der wichtige Spaßfaktor

Für Kleinkinder gilt noch mehr als für Jugendliche und Erwachsene: Lernen muss Spaß machen. Wenn Tätigkeiten und Erlebnisse mit positiven Erinnerungen verbunden sind, prägen sie sich uns leichter ein. Wenn ein Kind keinen Sinn in einer Sache sieht und kein Interesse hat, wird es sich nur widerwillig (wenn überhaupt) damit beschäftigen. Deshalb ist es auch so wichtig, dass du auf die Interessen und Vorlieben deines Kindes eingehst.

Es hört sich ganz logisch an: Mit Spaß fällt jedem das Lernen viel leichter, und das Neue bleibt damit auch besser hängen. Doch das ist nur die halbe Wahrheit, denn die Hirnforschung hat noch mehr zutage gebracht: Je nachdem, ob wir das Lernen als Freude oder als Qual empfinden, wird das Gelernte an unterschiedlichen Stellen im Gehirn gespeichert. Dies beeinflusst dann ganz stark, wie gut wir Erlerntes im Alltag anwenden können. Bei einer positiven Grundstimmung landen die Informationen im Hippocampus. Das ist immer dann der Fall, wenn man beim Lernen Spaß und Neugier empfindet. Hierdurch wird auf optimale Weise komplexes und kreatives Lernen ermöglicht.

Angst macht Lernprozesse kaputt

Beim Lernen mit negativen Gefühlen wie z. B. unter Stress, mit Zwang, bei Frust, Angst, Ärger oder Wut, leitet das Gehirn die Informationen mit großer Wahrscheinlichkeit an den Mandelkern. Dieser gilt jedoch als Panikzentrum des Gehirns, weil er unsere Kampf- und Fluchtreaktionen steuert. Diese Reaktionen müssen seit Urmenschenzeiten schnell, zuverlässig und ohne langes Nachdenken funktionieren. Auf alles Gelernte, was dort abgespeichert ist, können wir zwar schnell, aber nur recht eindimensional zugreifen. Wenn es ums Überleben geht, ist dies ohne Zweifel äußerst nützlich. Aber es lässt uns auch nur nach einem vorgegebenen Schema handeln. Wenn es um kreative und durchdachte Ansätze oder um komplexes Wissen mit Herstellen von Bezügen, Vergleichen und Querverbindungen geht, ist der Mandelkern ein ungeeigneter Ort.

Die Intelligenz des Spiels

Eigentlich spielen kleine Kinder den ganzen Tag – und vermehren damit beständig ihren Grips. Alles, was sie tun und erleben, sind neue Entdeckungen und ein fortwährendes Erforschen und Ausprobieren. Für sie ist es ernsthafte Arbeit und kostet viel Energie aufgrund der Konzentration und Anstrengungen, die damit verbunden sind. Sieh das Spiel als Teil eures ganz normalen Alltags. Gespielt werden kann beim An- und Ausziehen, bei den Mahlzeiten, beim Kochen und auf dem Spaziergang unterwegs, beim Einkaufen, bei der Hausarbeit oder in der Badewanne.

WAS SICH DEIN KIND BEIM SPIELEN WÜNSCHT

- eine Bezugsperson, die sein Spiel ernst nimmt, die es sensibel beobachtet und erkennt, wo Ermutigung und Anerkennung es unterstützen, die sich auf sein Spiel einlässt, wenn sie mitspielen soll oder sich zurücknimmt, wenn sie nicht gebraucht wird
- andere Kinder, zum Ideenabschauen oder -weitergeben, für Streit und Versöhnung und gegenseitige Hilfe
- Ruhe und Ungestörtheit, damit es in sein Spiel abtauchen und sich entfalten kann
- genügend Zeit, um zu Ende spielen zu können
- einen sicheren Raum, um sich frei und ohne Einschränkung zu bewegen und tätig zu werden
- eine Vielfalt an Experimentier- und Ausprobier-Materialien und Möglichkeiten

Extra Spielstunden sind gar nicht nötig. Im Grunde ist es leicht, mit dem Kind in allem und jedem ein Spiel zu sehen. Dennoch ist es besonders schön, sich bewusst Zeit zu nehmen für die Beschäftigung und für neue Anregungen für das Kind. Dein Baby genießt deine Nähe, die ungeteilte Aufmerksamkeit und den spielerischen Austausch mit dir sehr. Dabei solltest du dich jedoch möglichst auf das von ihm gewählte Thema einlassen. Während du vorschlägst, ein Buch anzuschauen, möchte dein Kind vielleicht gerade aktiver sein und lieber mit Bauklötzen oder dem Ball spielen. Lass dich mitnehmen in seine Kinderwelt – manchmal braucht es nur deine Zuschauerrolle – und begleite mit offenem Herzen und zugewandtem Blick die Ernsthaftigkeit seiner Eroberungstouren in seiner kleinen Welt.

Im Spiel zum nächsten Entwicklungssprung

Innerhalb der ersten 6 Lebensmonate entwickelt sich bei deinem Säugling die Hand-Augen-Koordination und damit auch das Greifen. Durch das Ergreifen von Gegenständen begreift dein Kind diese auch – mit seinen Händen und durch die Mundwahrnehmung – und macht sich auf diese Weise ein Bild von der Welt. Es bildet dadurch einen Begriff von den Dingen, denn durch das Anfassen lernt es, sie zu erfassen und zu verstehen. Sobald dein Baby greifen kann, erweitert sich sein Erfahrungsspektrum und damit auch seine neue Erkenntniswelt rasant.

IM ERSTEN LEBENSJAHR HAT DEIN BABY HIERBEI SPASS:

- Geräusche produzieren: mit Rasseln oder durch Klopfen mit Gegenständen wie mit Bauklötzen oder auf Knopfdruck in einem Buch mit Soundeffekten
- Guck, guck – da!: Dinge unter einem Tuch verstecken und wieder hervorzaubern
- Gegenstände sortieren: z. B. Kastanien oder Schraubdeckel in einen Behälter hineinlegen und alle wieder auskippen

In der nächsten Phase des Objektspiels geht dein kleiner Forscher in die Testphase von Materialbeschaffenheit, Geräuscherzeugung und Ursache-Wirkungs-Analysen, und zwar nicht nur mit einem, sondern gern auch mit mehreren Gegenständen und es untersucht auch deren Beziehungen zueinander.

KLEINE WELTEROBERERER IM ZWEITEN LEBENSJAHR LIEBEN:

- Türen, die sich öffnen und schließen lassen
- Treppen, die man hoch und runter kraxeln kann
- Seifenblasen zu pusten oder zu fangen

Beim Objektspiel, bei dem dein Kind die Gegenstände erst einmal erforscht und spontan in seine Aktivitäten einbezieht, vollzieht sich dann schrittweise ein Übergang zur nächsten Phase. In dieser verwendet es Gegenstände nun auch gemäß ihrer Funktion. So ist es anfangs spannend, einen Löffel mit dem Mund zu erforschen und mit ihm Geräusche zu erzeugen, indem man auf den Tisch klopft. Danach wird er auch bewusst zum Essen eingesetzt. In der auf das Objektspiel folgenden Phase des sogenannten Sujetspiels, in der alle Kinder gern so tun, als ob, verwenden sie den Löffel z. B. dazu, um den Teddybären zu füttern. Die Spielhandlungen deines Kindes mit Gegenständen und Zielobjekten werden dabei schrittweise anspruchsvoller und komplexer. In der darauffolgenden Spielphase kommt eine neue Abstraktionsebene durch die Verwendung von Symbolen und das Zweckentfremden von Gegenständen hinzu, wenn dein Kleinkind z. B. anstatt des Löffels ein Stöckchen zum Füttern des Bären verwendet. In der Spielphase des Rollenspiels ist der Bär das Kind und es selbst Mama oder Papa oder Bären-Tierpfleger.

Dein Kind nimmt aus seiner Umwelt ständig Informationen auf und verarbeitet diese auf seine eigene Art. Es ist ihm nicht bewusst, dass es dabei lernt. Jedes Kind hat seinen eigenen Fahr- und Entwicklungsplan, den es selbst bestimmt, auch wenn dieser dennoch in typischen Entwicklungsphasen verläuft.

Sensible Phasen

Sensible Phasen der kindlichen Entwicklung sind Altersabschnitte, in denen dein Kind auf bestimmten Lernebenen besonders leicht neue Informationen aufnehmen und verarbeiten kann. Maria Montessori umschreibt die sensiblen Phasen sehr treffend mit dem Vergleich, sie wären wie Kompassnadeln, die eine lenkende Wirkung auf die Aufmerksamkeit der Kinder haben. Jedes Kind steuert demnach seinen eigenen Entwicklungsprozess selbst, und zwar dadurch, dass es in einer sensiblen Phase seine Lernkanäle und Antennen auf bestimmte Bereiche der Umwelt richtet wie z. B. bei den ganz Kleinen auf Lautmuster oder Gesichter. Auf diese Weise werden die Grundlagen für seine weitere Entwicklung auf diesem jeweiligen Gebiet gelegt. Alles zukünftige Wissen und Lernen baut darauf auf.

Für uns Erwachsene bleibt dabei die Aufgabe, unser Kind zu beobachten, was es gerade fasziniert und eine vorbereitete, sichere Umgebung für sein Spielen zu schaffen, in der es selbstbestimmt aktiv werden kann. Du musst dein Kind zum Spielen gar nicht explizit anregen, motivieren oder auffordern. Alles ist ein Spiel für dein Kind. Dabei entfaltet es seine vorhandenen Kompetenzen und entwickelt immer weitere neue Fähigkeiten.

Der Zusammenhang zwischen Spielen und Lernen

Für dein Kind geht echtes Lernen gar nicht ohne spielen. Erst im Spiel kommt es zu einem Lernprozess. Die drei Ebenen des kindlichen Geistes, also seine Gedanken, Gefühle und Handlungen, und sein Körper – jeder Aspekt des kindlichen Selbsts fokussiert sich im Spiel vollständig darauf, seine Welt in sich aufzunehmen. Dadurch baut dein Kind buchstäblich sein Weltwissen und sein Wissen über sich selbst und die dazwischen bestehenden Zusammenhänge auf. Es erschafft so alle Grundlagen für die späteren Formen seiner Intelligenz. In all dem ist sein Spiel die Aktivität an sich.

Freiraum zum Spielen

Das Spiel wird heute als wichtigste Antriebskraft für die Entwicklung höherer Hirnfunktionen gesehen. In der Natur gilt: je intelligenter eine Spezies, desto mehr spielt sie. Daher ist auch beim Menschen das Spiel – auch wenn dieses sich je nach Alter und Entwicklungsstadium wandelt – für die optimale Entwicklung des Gehirns notwendig, für das Erlernen von sozialem Verhalten, für Flexibilität und für Anpassungsvermögen. Echtes Spiel ist Lernen und Weiterentwicklung zugleich.

Erwachsene sehen das zum Teil anders: Lernen ist für sie eine ernste Sache, Spiel hingegen eher unwichtig und Zeitverschwendung. Wahres Spielen optimiert und erweitert aber jeden Lernvorgang – es verbessert unsere Leistung und unser Wohlbefinden. Spielen versetzt unseren Körper und unseren Geist in ihren natürlichen Zustand und öffnet dadurch wirklichem Lernen die Tür. Der optimale Zustand des Geistes, auch als Flow-Zustand bekannt, stellt sich dann ein, wenn alle drei Ebenen unseres Gehirns – Denken, Fühlen und Tun – auf eine bestimmte Sache gerichtet sind in ungeteilter Aufmerksamkeit.

Kinder, die eine Umgebung der Geborgenheit und Sicherheit erleben, absorbieren ihre Umwelt. Der Zustand des Spielens ist dann geprägt von Neugierde und Staunen und einem Gefühl im Fluss – eben im Flow – zu sein und völlig versunken im Hier und Jetzt. Beim Spiel ist die Handlung selbst so lohnend, dass wir komplett darin aufgehen und das Zeitgefühl verlieren.

Ein sicherer Ort zum Spielen

Optimale Lernbeziehungen entfalten sich ganz natürlich, wenn wir uns geborgen und eingebunden fühlen. In einem Kind, das eine sichere, nährende Umgebung erfährt, sich also nicht verteidigen muss, findet eine permanente Ausweitung und Erweiterung seiner

Potenziale, Fähigkeiten und Möglichkeiten der Entwicklung statt. Das ist die Intelligenz des Spiels.

Je größer das Gefühl der Sicherheit, desto umfassender wird auch das Spiel und desto dynamischer der Lernvorgang. Sobald aber eine wie auch immer geartete Angst ins Spiel kommt, gerät die Entwicklung ins Stocken. Je größer die Furcht, desto größer der Wunsch nach Schutz. Für Wachstum und Entwicklung bleibt dann nur noch wenig Energie übrig. Eine sichere Lern- und Spielumgebung ist also von entscheidender Bedeutung.

Fühlen wir uns jedoch bedroht durch Angst und Konflikte oder durch Druck, der aufgebaut wird durch in Aussicht gestellte Belohnung oder Bestrafung, verkümmert die Entwicklung. Denn dann beschränkt sich der Lernvorgang und Lernzuwachs auf vorgegebene Muster und wird zu einer mechanischen Angelegenheit – trockenem, konditioniertem Üben eben. Nur wenn diese Spaltung nicht vorhanden ist, kann ein Lernprozess in Gang kommen. Sind wir nicht im Flow, ist uns keine vollständige Aufmerksamkeit möglich, weil der Körper sich so nicht seiner eigenen Weisheit bedienen kann.

Wachsen im Spiel

Vielen Erwachsenen fällt es schwer, die Wichtigkeit, die dem Spielen zukommt, zu würdigen. Die meisten von uns haben die Verbindung zu diesem magischen Zustand, in dem alles möglich ist, schon vor sehr langer Zeit verloren. Die meisten unserer Erziehungsmodelle basieren auf Konditionierung, externen Belohnungen und Bestrafungen. Mit den allerbesten Absichten stülpen wir diese Konditionierungen unseren Kindern über und machen uns beständig Sorgen: „Entspricht mein Kind den Erwartungen? Kann es schon genauso gut wie andere sitzen, laufen, sprechen?"

Dabei wächst dein Kind durch deine Ermutigung und Unterstützung, nicht durch Vergleichen, Ungeduld und Fordern oder durch negative Einschränkungen. „Nein" und „Lass das!" sind Gift für Lernvorgänge, weil sie die Freude des Spiels unterdrücken. Die physische Reaktion darauf ist die Ausschüttung von Kortisol, einem Hemmstoff, der Körper und Geist des Kindes überflutet. In so einem Zustand ist Lernen nicht möglich, lediglich eine Art von Konditionierung wie bei der Dressur von Tieren.

Diese pure, unbelastete Freude am Spiel – ein umfassendes Abtauchenkönnen in seine Spielwelt hinein – braucht dein Kind aber zum optimalen Lernen. Sein Gehirn ist „erfahrungsabhängig". Wachstum und Entwicklung der individuellen Gehirnzellen sowie deren Verknüpfungen und Erweiterungen zu „Wissensstrukturen" sind abhängig von entsprechenden Interaktionen mit der Umwelt. Je ausgedehnter und reichhaltiger die neuronale Struktur, also die Verschaltung im Gehirn, desto ausgeprägter und vielfältiger wird auch das Spiel und die Intelligenz. Beides bedingt sich gegenseitig, es gibt also eine Wechselwirkung zwischen Spielen und Intelligenz.

KOMMUNIKATION MITHILFE VON BABYZEICHEN

Dein Baby erlebt jeden Tag mit wachen Sinnen und nimmt eine Fülle von neuen Informationen auf. Da ist es ganz klar, dass es seine Erlebnisse und Wünsche auch mitteilen möchte. Nur wie macht man das, wenn man noch nicht verständlich sprechen kann?

Zwergensprache – so versteht ihr euch noch besser

Dein Baby verfügt bereits im vorsprachlichen Alter über ein großes Sprachverständnis. Es versteht schon sehr viel von dem, was um es herum vorgeht und gesprochen wird. Bereits mit 6 Monaten kann es Wörter, die seine Bezugspersonen häufig benutzen, verstehen. Bis es diese auch für dich verständlich aussprechen kann, bieten ihm die sogenannten Babyzeichen oder Babygebärden eine spielerische Brücke, um seine Bedürfnisse oder Beobachtungen seinem Alter entsprechend auszudrücken.

Babyzeichen als Brücke zur Lautsprache

Babyzeichen sind Gesten, die aus der Gebärdensprache entlehnt wurden, und die einzelne Schlüsselwörter der gesprochenen Sprache durch eine Handbewegung bildhaft untermalen und verdeutlichen. So sieht dein Kind gleich, worauf es ankommt und kann das abstrakte Wort, das es dich gleichzeitig sprechen hört, viel leichter begreifen und verstehen. Erst kommt also die Beobachtung, von dem, was du sagst und dazu zeigst und dann setzt später die Nachahmung bei deinem Kind ein. Dabei macht man es sich zunutze, dass die Kleinen im Alter ab etwa 6–9 Monaten ihre Händchen schon bewusst und spezifisch einsetzen können, um sich mittels intuitiver, aber auch abgeschauter Gesten und Handzeichen mitzuteilen. Die Entwicklung des Sprechapparates für eine verständliche Lautsprache braucht hingegen noch Zeit bis ins zweite und dritte Lebensjahr hinein.

Mit den Gesten hilfst du nicht nur der Kommunikation allgemein und ersten Begriffen im Besonderen auf die Sprünge, zusätzlich zieht die Bewegung von Mamas oder Papas Armen und Händen auch die Aufmerksamkeit deines Kindes enorm an. So kann es sich viel besser auf das Wesentliche fokussieren. Das beobachten wir sogar noch beim Einsatz von akzentuierten Gebärden in Grundschulklassen. Kinder sind einfach sehr empfänglich für visuelle Reize. Diese sind zudem weit weniger abstrakt als ein ganzer Wortschwall.

Sprache kindgerecht verpackt

Babyzeichen sind also einfache Handzeichen und Gesten, die für wichtige Dinge im Babyalltag stehen und die das von Mama oder Papa gesprochene Wort durch eine Handbewegung zusätzlich untermalen und so fürs Kind verständlicher machen. Die meisten Eltern benutzen sie z. B. für Milch, Musik, Tiere, Gefühle, Spielzeug, Personen, Grundbedürfnisse. Tipps dazu, welche Zeichen man für den Start am besten nutzt, findest du weiter hinten in diesem Kapitel.

Die Babyzeichen werden im gesamten Kapitel der Übersichtlichkeit halber in Großbuchstaben geschrieben.

Ganz nebenbei geben Gesten deinem Kind natürlich auch Orientierung im Alltag. Wir beobachten immer wieder, dass sich die Kleinen besser darauf einstellen können, was als Nächstes ansteht, wenn wir sie darauf mit Sprache und Gestik vorbereiten. So fallen ihnen Übergänge von einer Situation in eine andere sowohl zu Hause als auch in der Krippe leichter. Ausdrucksvolle Gestik, wie man sie aus Italien kennt, verstärkt die Wirkung deiner Worte schlicht noch mehr.

Im Alltag mit Babys sagen dann nicht nur unsere Worte, sondern gleichzeitig auch unsere Hände, dass es jetzt z. B. etwas zu ESSEN gibt oder Zeit zum BADEN ist oder wir kündigen auf dem Spielplatz an, dass es jetzt wieder NACH HAUSE geht.

Jeder redet mit den Händen

Im Grunde nutzt jeder, der mit Babys zu tun hat, intuitiv schon gewisse Handzeichen, ohne sich bisher darüber weitere Gedanken gemacht zu haben. Wir zeigen unseren Babys ganz selbstverständlich einfache Gesten wie „winken" zum Abschied oder klatschen für „bravo". Sie ahmen sie mit Freude nach und sammeln so ihre ersten Erfahrungen im Bereich Kommunikation. Wenn ein Baby winkt, winkt jeder erfreut zurück, und da setzt der erste Erfolg für das Kind ein: Ich teile mich mit und bekomme darauf eine Antwort. Auch den Finger auf den Mund zu legen für „pst – leise sein!" oder die Hand hinters Ohr zu halten für „horch!" kommen dir bestimmt bekannt vor und werden seit Generationen verwendet.

Die folgende Bilderübersicht zeigt dir noch ein paar weitere vertraute Gesten, die du sicherlich auch aus deiner eigenen Kindheit oder der täglichen Kommunikation selbst unter Erwachsenen kennst.

Auswahl von intuitiven Zeichen, die auch Erwachsene häufig noch
verwenden:

Leise!

Bitte!

Da!

Stopp!

Lecker!

Warten!

Nein!

Auf dieser Idee basiert auch die sogenannte Zwergensprache oder allgemein Babyzeichensprache. Im englischen Sprachraum heißt diese Kommunikationsform *baby signing*. Ich habe sie mit meinen Kindern in England kennengelernt und dann aufgrund der großen Begeisterung dafür unter dem Namen „Zwergensprache" 2004 nach Deutschland, Österreich und in die Schweiz gebracht. Mittlerweile gibt es in über 200 Städten Eltern-Kind-Gruppen, Workshops für Eltern und Fachpersonal sowie Seminare und Weiterbildungen für Kitas. Tendenz steigend.

Babyzeichensprache baut auf der natürlichen Gestik auf und erweitert diese: Anhand ein paar weiterer konkreter Handzeichen, die bei uns Gebärden aus der deutschen Gebärdensprache sind, damit der Ansatz auch inklusiv ist, erhalten Babys die Möglichkeit, sich schon viel früher spezifisch auszudrücken. Sie teilen uns so mit, was sie sehen (Mama, schau ein HUND!), was sie erleben (Das ist aber LAUT!), gern erhalten möchten (WO ist der BALL?), was sie brauchen (etwas zu TRINKEN) und was sie sonst noch beschäftigt (ANGST vor dem Rasenmäher).

Die Einblicke in Babys Gedankenwelt, die dadurch möglich werden, sind für die meisten Eltern absolut faszinierend. Im letzten Abschnitt dieses Kapitels „Die Top Twenty der Babyzeichen" geben kurze Erlebnisberichte von Kursteilnehmerinnen und -teilnehmern einen Einblick, was im Oberstübchen und Herzen von Kleinstkindern schon alles abgeht und bewegt wird.

Das beste Babyzeichen-Alter

Erste Babyzeichen können manche Kinder schon im Alter von 5–10 Monaten nachahmen und bewusst anwenden. Das klappt zum einen, weil dann die Motorik der Händchen schon so weit ausgereift ist, und sie zum anderen in diesem Alter, wie bereits gesagt, auch häufig benutzte Wörter verstehen können. Das sichere Verstehen des Zeichens für MILCH habe ich bei meiner Tochter schon mit vier Monaten beobachten können, denn wir hatten tagein, tagaus die Möglichkeit, es bei einem 2-Stunden-Stillrhythmus intensiv anzuwenden. Mit fünf Monaten zeigte sie selbst durch das Babyzeichen, wann es ihrer Meinung nach Zeit für die nächste Milchmahlzeit war.

Generell richtet es sich aber nach dem individuellen Entwicklungstempo, wann ein Kind vom Verstehen ins eigene Anwenden findet, und das ist selbstverständlich von Kind zu Kind ganz verschieden. Der Altersabschnitt von 6–18 Monaten ist grundsätzlich optimal, um das Ganze auszuprobieren. Aber selbst dann, wenn Kinder im Alter von 18 Monaten und älter noch sehr wenig sprechen, lohnt es sich immer noch, mit Babygebärden anzufangen, denn auch dann gibt es noch genügend sehr schwierig auszusprechende Wörter (wie Giraffe oder Waschmaschine). Außerdem dient hier die Bewegung der Händchen beim Nachahmen oft als der letzte fehlende Kick fürs Kind, um parallel auch zu den gesprochenen Wörtern zu finden.

Geschickte Hände, schneller Mund

Im Gehirn gibt es eine enge Verknüpfung von Sprach- und Bewegungszentrum. Die Fähigkeit deines Babys, Hand- und Mundbewegungen zu koordinieren, ist angeboren und wird nicht erst erlernt. Deshalb besteht auch eine enge Beziehung zwischen Handgeschicklichkeit und Sprechgeschicklichkeit. Eine taktile Förderung deines Babys erzielt folglich auch eine Verbesserung seiner Mundmotorik.

Das heißt einfach ausgedrückt: Jedes Kind muss erst gewisse fein- und grobmotorische Fertigkeiten erlangt haben, bevor das Sprechen wirklich losgehen kann.

Dabei kann man sich tatsächlich Sprache sprichwörtlich aus den Fingern saugen. Dazu leisten Babyzeichen einen wichtigen Beitrag genauso wie die klassischen Fingerspiele. Denn wenn du dich regelmäßig spielerisch mit den Fingern und Handgelenken deines Babys beschäftigst, kurbelst du auch die Reifung seines Sprachzentrums kräftig an. Außerdem spielen Händchen und Finger der Babys eine entscheidende Rolle bei der Entwicklung ihrer Intelligenz.

Es liegt auf der Hand

Wissenschaftlich belegt ist, dass die Entwicklung des Sprachvermögens bei Kindern erst dann beginnt, wenn die Feinmotorik der Finger einen gewissen Entwicklungsstand erreicht hat. Und dabei spielen die Fingerspitzen mit den vielen Nervenenden eine besondere Rolle. Wenn diese immer wieder aktiviert werden, wirkt es sich positiv auf die Gehirnentwicklung und das Zusammenspiel der Hirnhälften aus. Zudem lernen Kinder die Namen von Gegenständen rascher, wenn sie diese in die Hand nehmen anstatt nur betrachten dürfen.

Nebenbei schult dies samt Babyzeichen auch ihre Hand-Augen-Koordination. Bestimmte Bewegungen, die beim Nachahmen der Babyzeichen angewandt werden, schulen Babys Motorik und wirken sich damit auch wiederum vorteilhaft darauf aus, in die Lautsprache zu finden. Dies sind z. B. der Pinzettengriff, den Kinder meist mit 10 Monaten meistern, wie er beim Zeichen für VOGEL verwendet wird oder das Zusammenführen der Hände, wie bei MEHR, BITTE oder BOOT. Beim Zeichen für MEHR werden auch Fingerspitzen und Handflächen aktiviert.

In den Handflächen deines Babys befinden sich Rezeptoren, die auch auf die Synapsen wirken, die mit der Zunge in Verbindung stehen. Babyzeichen, die die Fingerspitzen nutzen, begünstigen so z. B. den Einsatz der Zungenspitze, wie er bei der Bildung der s-Laute benötigt wird. Auch das Überkreuzen der Körpermitte bei manchen Babyzeichen wie z. B. bei ZÄHNEPUTZEN, ZEBRA oder FISCH hilft dabei, beide Hirnhälften deines Kindes zu verknüpfen. Jede Bewegung hat im Grunde eine Auswirkung, die die Entwicklung unserer Kinder beeinflusst.

Genauso wie die Babyzeichen haben auch Fingerspiele eine ähnliche Wirkung: Sprache ist dabei fürs Kind hörbar, die Bewegungen dazu machen diese sichtbar und zudem kann es selbst handelnd aktiv werden. Babyzeichen sind ein echtes wechselseitiges Fingerspiel, bei dem der Spaß am frühen Dialog im Mittelpunkt stehen sollte, auch wenn das Spiel nebenbei noch einen großen Mehrwert bringt.

Schubladen bestücken und Erfahrungen sammeln

Bevor die Kinder nun allerdings selber ins Nachahmen der Babygebärden finden, braucht es zumeist etwas, manchmal auch viel Geduld. Aber es lohnt sich, diese aufzubringen und am besten auch gar keine großartige Erwartungshaltung dem Kind gegenüber zu zeigen oder gar Druck aufzubauen. Der erste und wichtigste Schritt auf dem Lernweg der Zeichennutzung läuft für uns Eltern im Verborgenen ab. Es dreht sich hierbei um das Schubladenbestücken des Kinderhirns mit ersten Grundbegriffen. Dies ist Mamas und Papas Hauptaufgabe auf dem Weg zur Sprache und wirklich weichenstellend. Zunächst muss Input ins Köpfchen, erst dann kann er in Form von Zeichen oder Wörtern aus deinem Kind wieder hinausfinden.

Schon diesen ersten Schritt erleichtern deinem Kind die begleitenden bildhaften Gesten zu jedem Schlüsselwort. Und auch das rasche Wiedererkennen von Wörtern, wenn die Eltern die Zeichen begleitend nutzen, ermöglichen sie auf einer weniger abstrakten Stufe, als es unsere Lautsprache bietet. Zudem gibt es durch die Kombination von akustischen (Sprache) und visuellen Reizen (Zeichen), mehr vernetzte Speicherplätze im Gehirn, um die Information später wieder gut abzurufen zu können. Die kombinierten Reize sorgen für die Bildung und Verknüpfung von Synapsen und sprechen beide Hirnhälften gleichzeitig an. Geschieht das Lernen in einer fröhlichen und lustvollen Situation, dann braucht das Neugelernte zudem weniger Wiederholungen zum festen Verankern.

Oft werde ich gefragt, ob es auch Kinder gibt, die nie selber zeigen. Ein komplett zeichenresistentes Kind ist mir bisher noch nicht begegnet. Ich bin überzeugt, wer „winke, winke" mit Spaß lernt oder die Arme ausstreckt, wenn er hochgenommen werden möchte, ist auch für andere Gesten als Angebot offen.

Kein Lernprogramm

Wichtig ist mir auf eurem gemeinsamen Babyzeichen-Lernweg nun noch Folgendes: Geh es bitte entspannt an und sieh es immer mit den Augen deines Kindes. Woran hat es Spaß? Was beschäftigt es? Wo liegen seine Interessen und was möchte es wahrscheinlich „sagen"? Dafür sucht ihr euch eure individuell passenden Zeichen aus. Wie viel dann am Ende jede Familie daraus macht, bleibt jedem natürlich selbst überlassen. Manche sind zeitlebens mit nur fünf Zeichen glücklich. In anderen Familien fordern die Kleinen mehr und mehr Benennungen ein und die Eltern müssen für Zeichennachschub sorgen.

Babyzeichen sollten aber auf keinen Fall zum Lernprogramm werden, sondern stets ein spielerisches und situatives Angebot an dein Kind sein. Es entscheidet am Ende sowieso immer selbst, was ihm davon nützt und wählt selbstbestimmt aus deinem Angebot aus.

Eltern verstehen ihre Babys von Anfang an, weil sie auf Mimik und Gestik der Kleinen achten sowie auf deren Körpersprache. Jede Mutter versteht ihr Kind intuitiv. Aber eben nicht immer. Wie macht ein Baby dich darauf aufmerksam, dass es an das Ziegenfüttern von gestern denkt oder dass der Ball unter den Schrank gekullert ist?

Handzeichen erweitern eure Kommunikationswege und -mittel auf einfache und altersgerechte Weise. Im Grunde ermöglicht die Zwergensprache einen wertschätzenden Dialog mit deinem Baby auf Augenhöhe, und zwar von Anfang an.

Vorteile der Babyzeichen-Kommunikation

Wie sieht dieser wertschätzende Dialog nun genau aus und welche Vorteile hat die Methode außerdem noch?

Interaktiver Dialog

Mithilfe von Babyzeichen können Familien ihre Babys interaktiver am Alltagsleben teilhaben lassen – noch bevor die Kleinen deutlich sprechen können. Die Zwergensprache erleichtert in den ersten zwei Lebensjahren euer gegenseitiges Sich-verständlich-Machen. Auf kindgerechte Weise wird dabei euer gemeinsamer Austausch angeregt, denn die Babyzeichen begleiten das Sprechenlernen bewusst und spielerisch und machen abstrakte Worte für dein Kind anschaulich und leichter begreifbar. Spricht man z. B. vom VOGEL, formen Daumen und Zeigefinger am Mund einen Schnabel nach, der auf und zu geht. Das Baby schaut sich dies bei uns ab und verwendet es dann selbst, wenn es uns auf einen Piepmatz aufmerksam machen möchte.

So weckt man schon bei den Kleinsten die Freude, sich mitzuteilen und zaubert ein Lächeln auf Kindergesichter, wenn diese sich verstanden fühlen.

Durch die gezielte Kopplung einer spezifischen Geste mit einem einzelnen Wort erhält dein Baby die Chance, den bereits erworbenen passiven Wortschatz auch aktiv einzusetzen – und zwar schon etliche Monate, bevor es organisch über die Lautsprache dazu in der Lage ist. Gerade in diesem Punkt liegt in meinen Augen ein ganz großer Gewinn für das Selbstwirksamkeitserleben und die Kommunikationsfreude deines Kindes. Die frühen Kommunikationserfolge und Rückbestätigungen von Erwachsenen geben den Kindern Selbstvertrauen und wecken auch das Bestreben, seine kommunikativen Fähigkeiten weiter zu verfeinern und schrittweise in die Lautsprache zu finden.

Manche Zeichen nutzen die Kleinen über sehr lange Zeiträume hinweg, andere nur für eine kurze Übergangzeit, bis das Wort da ist. Aber wer weiß vorher schon, was wie lange im Einsatz nützlich sein kann? Schließlich wird zwischendurch auch fleißig mit mehreren Zeichen und/oder Wörtern kombiniert: So entstehen ganze Sätze, und es lässt sich viel mehr konkreter ausdrücken. Ein richtiger kleiner Gesprächspartner wächst dann bei euch heran.

Auf den Punkt gebracht

Die Methode wirkt natürlich beidseitig: Auch die Eltern werden vom Kind leichter und rascher verstanden, wenn sie in ihre Interaktion und Sprache hin und wieder zu einzelnen Wörtern eine konkrete Geste oder Gebärde mit einfließen lassen, indem sie dem Kind z. B. ankündigen, dass es nun Zeit für eine neue WINDEL ist. Oft berichten Eltern, die einen Zwergensprache-Kurs besucht haben, wie viel besser die Kleinen plötzlich kooperieren, weil sie sich nun leichter auf den Situationswechsel einstellen können. Aber auch Zeichen wie

FERTIG/SCHLUSS, die sanft Grenzen setzen, oder WARTEN, die zeigen, ich habe den Wunsch des Kindes zwar erkannt, es braucht aber noch einen Moment, bis ich darauf eingehen kann, entschärfen manchen schwierigen Moment und verringern Quengelei und Unmut.

Sprache mit allen Sinnen erleben

Durch die Babyzeichen können Babys Sprache hören, sehen, fühlen und selbst durch die Bewegung der Gebärde nachahmen. Die Kombination von Sprache und Bewegung bezieht die Kinder aktiv ein und schult ihre visuelle, motorische und akustische Wahrnehmungsfähigkeit. Durch die Einbeziehung vieler Sinne und Lernkanäle wird ein ganzheitliches Lernen unterstützt. Viele wichtige vorsprachliche Fähigkeiten wie Grob- und Feinmotorik der Hände und Finger, Hand-Augen-Koordination, Blickkontakt und Motivation zum Austausch mit anderen werden nebenbei spielerisch gefördert.

Neben den Handzeichen ist die Verwendung der Gebärden im Kontext und auf eine Weise, wo dein Kind handelnd aktiv werden kann, am vorteilhaftesten. Anschaulich wird es durch Gegenstände, wie Spielsachen oder solche aus dem Alltag, die es anfassen und erkunden darf und deren Einsatz es bei uns abschauen und selbst ausprobieren kann. Unterschiedliche Materialerfahrungen durch Fühlen und Mundwahrnehmung wie auch das Lernen über die Spiegelneuronen, wie bereits erläutert, helfen deinem Kind, sich einen Begriff von der Welt und den es umgebenden Dingen zu machen und sich diese schrittweise zu eigen zu machen. Sorge deshalb daheim für eine sprichwörtliche „sinnvolle" Umgebung für die Wahrnehmungsschulung deines Babys.

Erleichterung des Miteinanders

Für viele Familien steht beim Erlernen von Babyzeichen die Erleichterung des Alltags mit einem Kleinkind im Mittelpunkt. Sie finden es angenehm, wenn das Baby „sagen" kann, was es braucht oder woran es gerade denkt. Der häufigste Beweggrund für einen Kursbesuch ist der Wunsch eines besseren gegenseitigen Verstehens. Anderen geht es um die Förderung des Selbstbewusstseins und der emotionalen Stabilität der Babys.

Die zugewandte Weise des Babyzeichen-Austausches intensiviert schon im frühesten Kindesalter den Bindungsprozess und stärkt die Beziehung durch eine stressfreiere Kommunikation. Als Bezugsperson bist du durch intensiveren Blickkontakt, der für Babyzeichen nötig ist, und viele interaktive gemeinsame Momente auch sensibler in Bezug auf die kommunikativen Bemühungen, die von deinem Baby schon kommen, ganz gleich, ob diese gestischer, lautlicher, mimischer oder körpersprachlicher Art sind. Du schaust genauer hin und bist aufmerksamer für seine Kommunikationssignale. Außerdem verringert sich der Frust, der aufgrund von Missverständnissen und Rätselraten auf beiden Seiten entstehen kann. Wer kennt die Momente nicht, in denen man hilflos denkt: „Wenn du doch nur schon sprechen könntest!" Mit Babyzeichen legst du deinem Kind die Sprache von Anfang an quasi in die Hand und ihr könnt die eine oder andere unklare Situation viel rascher lösen.

Begriffe bilden und unterscheiden

Um das Schubladenbestücken noch mal aufzugreifen: Babygebärden helfen nicht nur in Rätselsituationen der Eltern, sondern auch in solchen, wo sich das Kind stirnrunzelnd über manche Dinge wundert oder fragend Rückkopplung sucht, wenn es beim Entdecken der Welt auf unbekannte Phänomene trifft. Da kommt ein großer, gelockter Vierbeiner daher und Baby fragt mittels Babyzeichen SCHAF?

Daraufhin erklärt Papa, nein kein Schaf – sondern HUND, und Baby füllt die Hunde-Schublade neu mit Wissen, nämlich, dass es die klein, groß, mit glattem Fell oder gelockt gibt. Das Zeichen sorgt für Klarheit. Eine meiner Lieblingsgeschichten, die dazu passt, ist diese hier von Jette, die damals zarte 13 Monate alt war:

BEGRIFFE UNTERSCHEIDEN: „DA STIMMT DOCH WAS NICHT"

Beim Anschauen eines Bilderbuches am Abend zeigt Jette auf eine Palme im Buch, schaut mit fragendem Blick ihre Mama an und macht dazu das Zeichen KROKODIL. Ihre Mutter erklärt: „Das sieht grün aus mit Zacken, du hast recht. Es ist aber kein Krokodil, sondern ein BAUM. Der Baum heißt Palme" (dazu macht sie das Zeichen BAUM). Damit war Jette dann sichtlich zufrieden und wiederholte den Rest des Tages für sich immer wieder KROKODIL – Kopf schütteln – BAUM, verbunden mit einem strahlenden Blick!

Auch hier helfen die Gebärden beim Feintuning sprachlicher Details: Sie schulen schon früh die sogenannte „phonologische Bewusstheit". Diese ist nützlich bei ähnlich klingenden Wörtern wie z. B. „Hase" und „Nase". Die verschiedenen Bewegungen dazu machen den Unterschied extra deutlich. Auch mit „Mond" und „Mund" oder „Soße" und „Hose" usw. kann es zu Verwechslungen kommen. Ganz normal beim Sprechenlernen, aber für kleine oder mehrsprachige Kinder manchmal eine besondere Herausforderung, die mit Gesten elegant umschifft werden kann.

Sowohl im Bereich der sogenannten phonologischen Bewusstheit – also der Lautunterscheidung – als auch im Bereich der Semantik – das heißt bei der Begriffsbildung – ebnen Babyzeichen den Weg. Dazu bemerkte meine Kollegin, Logopädin und Babyzeichen-Mama Nina Simons aus Krefeld in einem Interview einmal ganz treffend:

„Kinder mit Babyzeichen haben natürlich den Vorteil Rückversiche-rungsfragen (das richtige Zeichen vorausgesetzt) sofort stellen zu können und sind nicht darauf angewiesen, erst sprechen zu lernen. So kann auch das Kind mit 10 Monaten schon überprüfen, ob seine Ideen über die Welt stimmen: „Ist das auf der Milchpackung wirk-lich ein Hund?" oder „Ist das Grüne auf meinem Teller da etwa ein Baum?" Dann kommt die Erklärung: „Es ist kein Baum, du kannst es essen – es heißt Brokkoli."

Viele Eltern von Babyzeichen-Kindern bestätigen auch, wie hartnä-ckig die Kinder ihre Zeichen machen, wieder und wieder, bis sie von Mama oder Papa eine Rückmeldung bekommen haben. Sie wollen unbedingt ihre Ideen überprüfen und lernen. Auf diese Weise können Ausdifferenzierungen im semantischen und lautlichen Bereich und die Begriffsbildung natürlich auch um einiges früher beginnen. Baby-zeichen geben den Kindern deutliche Hilfestellung bei der Unter-scheidung.

Inklusiver Ansatz

Von der Zwergensprache profitieren auch mehrsprachige Fami-lien. Die Zeichen dienen dann als sichtbare, einheitliche Verbin-dung zwischen zwei unterschiedlichen gesprochenen Wörtern (z. B. Haus und *casa*). Hilfreich sind sie auch für Kinder mit erschwertem Spracherwerb z. B. aufgrund von Downsyndrom, Lippen-, Kiefer-oder Gaumenspalte, Hörschädigung oder allgemeiner Entwicklungs-verzögerung. Babyzeichen sind eine Unterstützung und spielerische Begleitung beim Spracherwerb für alle Kinder. Der Ansatz bezieht sie alle früher, intensiver und aktiv in die Kommunikation ein – sowohl die normal hörenden auch als die Kinder mit besonderen Bedürf-nissen, sowohl zu Hause als auch in der Kita. Gerade wer mit einem besonderen Kind die Babyzeichen weit über die ersten zwei Lebens-jahre hinaus brauchen wird, der sollte einfach frühzeitig über einen

Zwergensprache-Kurs in diese Welt hineinschnuppern, um mit Gebärden vertraut zu werden. Integration bzw. besser Inklusion ist dem Zwergensprache-Netzwerk wichtig und deshalb wurde viel Wert darauf gelegt, dass der Ansatz kompatibel ist, mit dem, was auch in der Therapie später weiterverwendet wird.

Für die deutschen Babyzeichen der Zwergensprache wurden deshalb fast ausschließlich Gebärden aus der Deutschen Gebärdensprache (DGS) übernommen. Aus den unterschiedlichen regionalen Dialekten der DGS wurden die Handzeichen ausgewählt, die am weitesten verbreitet und für Kinderhände motorisch einfach nachahmbar sind. Zudem wurde darauf geachtet, dass die Gebärden möglichst bildhaft das Bezeichnete nachziehen, um die Assoziation zu erleichtern, und darauf, dass die Handzeichen untereinander möglichst deutlich unterscheidbar sind. Ein weiteres Augenmerk bei der Auswahl der Gebärden lag darauf, dass eine Vielzahl unterschiedlicher Bewegungen und Haltungen der Arme, Hände und Finger verwendet werden und dass verschiedene Körperstellen angesprochen werden, um die motorische Differenzierung und die Körperwahrnehmung anzuregen.

Babyzeichen in Kita & Co.

Im englischen Sprachraum sind *baby signs* oder *baby signing,* wie die Babyzeichen dort heißen, seit über drei Jahrzehnten ein weitverbreitetes Standardangebot für Eltern und Betreuer. Dort werden sie – wie auch in Skandinavien – in den meisten Kindereinrichtungen angewendet und sind fester Bestandteil des pädagogischen Alltags. Und zwar in jeder Kitaform, nicht nur in solchen mit integrativen oder mehrsprachigen Konzepten.

Bei uns ist der Ansatz noch verhältnismäßig neu, dennoch stark auf dem Vormarsch. Kein Wunder, denn die Vorteile für die kindliche Entwicklung und insbesondere die der Sprache wie auch die bessere

Orientierung der Kinder im Alltag sowie die Arbeitserleichterung für die ErzieherInnen sind sofort spürbar. Außerdem bedarf die Methode keines großen Aufwandes, um umgesetzt zu werden.

Kitas, die bei uns bereits mit dem Konzept arbeiten, bestätigen die vielseitigen Vorteile. Zum einen beobachten die Kinder die ErzieherInnen genauer und auch diese halten mehr Blickkontakt mit den Kleinen, selbst in hektischen Situationen. Zudem geben die Gesten den Worten der BetreuerInnen mehr Gewicht und Aufforderungscharakter. Gerade der Situationsansatz im pädagogischen Alltag gewinnt dadurch noch mal eine ganz andere Dimension.

Durch eine einheitliche Gruppensprache bleiben auch die ganz jungen, noch nicht oder wenig sprechenden Kinder nicht außen vor, sondern Handzeichen und Worte stehen gleichberechtigt nebeneinander, wenn im Morgenkreis z. B. gewählt werden darf, welches Lied alle gemeinsam singen wollen. Bisher haben sich gerade in altersgemischten Gruppen die Großen häufig verbal vorgedrängelt. Jetzt wird jeder gesehen und kann sich auf seine Weise einbringen.

Auch untereinander nutzen die Kinder die Babyzeichen und manche KrippenbetreuerInnen berichteten sogar, dass die Kleinen sich gegenseitig zeigen, wie die Gebärden richtig ausgeführt werden.

In manchen Einrichtungen haben die einzelnen Gruppen nicht nur Namen und Bilder wie die „Regenbogen-Gruppe", sondern auch den dazu passenden Gebärdennamen REGENBOGEN. Und auch die ErzieherInnen haben eigene Namensgebärden. Eine Einrichtung erwähnte kürzlich, dass auf diese Weise die ganz jungen Kinder auch wählen dürfen, von wem sie jeweils gewickelt werden wollen, weil die Kinder die Namensgebärden der KollegInnen zeigen können.

Zudem findet auch ein vermehrter Austausch mit den Eltern in den typischen Tür- und Angelgesprächen zu Alltagserlebnissen mit den Kindern und zu den dabei gelernten oder angewendeten Zeichen statt. Dies bereichert auch die Elternarbeit und die Zusammenarbeit von Kita und Elternhaus.

So entsteht auch außer Haus für unsere Kinder ein Gefühl von Sicherheit, Vorhersehbarkeit und Geborgenheit, wenn die BetreuerInnen sich Mühe geben, einen wertschätzenden Dialog unter Berücksichtigung der Vielfalt an Bedürfnissen und Fähigkeiten der Kinder durch sprachbegleitende Babyzeichen anzuregen und ein ganzheitliches Lernerlebnis in vielen Alltagssituationen zu ermöglichen. Daraus kann eine Dynamik im Austausch entstehen, die uns in Verbindung sein lässt und vertrauensvolle Nähe schafft.

Babyzeichen in der besonderen Konstellation Zweisprachigkeit und Zwillinge (Erfahrungsbericht von Ramona B.)

Ich kannte die Babyzeichensprache bereits aus den USA. Schon damals war ich sehr beeindruckt, wie toll die Kleinen das umsetzen konnten, und wollte diese wunderbare Methode später mit meinen Kindern auch ausprobieren. Unsere Zwillinge Amelie und Maja wachsen zweisprachig auf (Englisch/Deutsch). Außerdem hatten wir gehört, dass manche Zwillinge erst spät anfangen zu sprechen oder sogar eine „Geheimsprache" entwickeln. Das wollten wir möglichst vermeiden. So besuchten wir einen Eltern-Kind-Kurs für Zwergensprache, als die Mädchen 10 Monate alt waren. Mit 11 Monaten ahmten die Zwillinge die ersten Zeichen nach und wendeten sie dann von sich aus an. Dadurch konnten wir rasch erkennen, was sie gerade beschäftigte. Sie konnten uns begeistert BLUMEN oder ENTEN im Park zeigen.

▶

Auch ihre Bedürfnisse konnten sie ausdrücken, wenn sie MEHR zu trinken oder NOCH MAL von Papa in die Luft geworfen werden wollten. Zudem hat die Begleitung von zwei Wörtern (z. B. *dog* und Hund) mit demselben Babyzeichen den Kindern die Sprachentrennung merklich erleichtert.

Unsere Kinder haben nicht später angefangen zu sprechen als „Einlinge". Das Besondere an den Babyzeichen war, so früh einen Einblick in ihre faszinierende Gedankenwelt bekommen zu können. Unsere Zwillingsmädchen sind sehr unterschiedlich. Während Maja sich für LICHT und VOGEL interessierte, waren für Amelie BLUMEN und NUCKEL viel wichtigere Zeichen. Die Babyzeichen machten es uns leicht, beide in ihren Eigenheiten und ihrem Charakter früh erkennen und die Unterschiede respektieren zu lernen.

Seit Kurzem haben wir ein neues Familienmitglied. Paula ist jetzt 9 Monate alt. Sie zeigte mir mit 6 Monaten schon, wenn sie noch mehr MILCH haben wollte. Mittlerweile unterhalten sich auch unsere beiden Großen mit Paula über Babyzeichen.

Uns ist aufgefallen, dass wir uns durch die Babyzeichensprache in unserer Familie viel mehr mit den anderen beschäftigen, mehr Fragen stellen und intensiver beobachten als zuvor. Wir haben sehr viel Spaß daran, auf diese Weise einander besser kennenzulernen.

Wozu „künstliche" Gebärden einführen?

Wer von einer Gebärdensprache für Babys hört, ist im ersten Moment eventuell befremdet und wird vielleicht zunächst skeptisch reagieren. Das hört sich wie frühkindliches Vokabelpauken an.

„Was sollen wir denn noch alles machen?" So ging es mir persönlich auch, bis ich Babys erleben durfte, die ganz selbstverständlich und ohne jegliches Quengeln zeigten, was ihnen gerade wichtig war und ich als Außenstehende es auf Anhieb verstehen konnte. Die strahlenden Kinderaugen und die Intensität dieses Moments haben mich seitdem nicht mehr losgelassen.

In meiner täglichen Arbeit mit den Babyzeichen sehe ich einen fließenden Übergang zwischen kulturell gültigen und intuitiven Gesten und Gebärden mit dem Ziel einer gemeinsamen Kommunikation. Natürlich kann sich auch jede Familie eigene Zeichen ausdenken. Aber die meisten tun sich zum einen gar nicht so leicht damit und zum anderen beugt eine einheitliche Basis, wie es die deutsche Lautsprache für uns ja auch ist, einem babylonischen Sprachgewirr vor und ermöglicht es auch anderen, dein Kind zu verstehen.

Die beliebtesten Babyzeichen aus Babys Sicht

Im Jahr 2009 haben wir unter den Teilnehmern unserer Zwergensprache-Eltern-Kind-Gruppen eine Umfrage durchgeführt. Wir waren neugierig und wollten wissen, welche der Babyzeichen, die wir in den Kursen schrittweise Woche für Woche anbieten und vorstellen, wohl am besten von den Kleinen angenommen werden und die Renner in den Familien sind. Ziel war es, ein Top-Ten-Ranking zu generieren, damit man für den Anfang Anhaltspunkte als Babyzeichen-Neuling hat, womit es sich wirklich lohnt, zu starten.

Nun muss man berücksichtigen, dass uns nur die Eltern ihr Feedback schwarz auf weiß geben konnten. Babys würden sicher anders abstimmen, wenn sie schon Kreuze setzen könnten. Um die verschiedenen Sichtweisen beider Lager auf das, was nützlich erscheint, dennoch zu berücksichtigen, haben wir gefragt, welche Zeichen die Eltern zuerst ausgewählt haben, um sie ihrem Baby zu zeigen und dann aber auch, welche Zeichen es am Ende waren, die die Kinder zuerst nachgeahmt und begeistert für sich entdeckt haben. Und da gibt es schon Unterschiede.

Du darfst natürlich die klassischen Zeichen für die Babypflege und die Versorgung für deinen Einstieg in Betracht ziehen. Dazu zählen z. B.: WICKELN, SCHLAFEN, MILCH, ESSEN, BADEN, ANZIEHEN, AUSZIEHEN ...

Die Kinder locken wir allerdings kommunikativ nur mit Themen heraus, die sie selbst spannend finden, eben mit Bezeichnungen für Dinge oder Tätigkeiten, auf die sie uns aufmerksam machen möchten. So lässt sich ihr Sprachventil am besten öffnen. Die Kinder in Zeichenverzückung zu sehen, versetzt uns Große auch in Hochstimmung. Deshalb habe ich für dieses Buch die Kindersichtweise gewählt und möchte in diesem Abschnitt für dich zum Ausprobieren die Lieblingszeichen der Kleinen vorstellen, die am meisten Erfolg versprechen, und gleichzeitig für den praktischen Nutzen jedes Zeichens die Verwendungsmöglichkeiten im Alltag aufzeigen. Ziel ist ja, dass ihr beide ins Zeigen und Verwenden kommt.

Die Top Twenty der Babyzeichen

Mit den folgenden 20 Babyzeichen lässt es sich besonders gut in den Dialog mit deinem Kind starten. Such für dein Kind etwas aus, von dem du weißt, das lässt es ganz aus dem Häuschen geraten. Was passt da am besten zu deinem Kind? Was wird es selbst einfordern wollen?

Es empfiehlt sich, nicht nur mit einer einzigen, sondern mit einer Handvoll Gebärden zu beginnen. Du kannst dabei auch nichts falsch machen. Zeige einfach munter drauf los. Du wirst sehen, wie rasch man sich daran gewöhnt, passend zum Schlüsselwort auch die Hände zum Einsatz zu bringen.

Über die QR-Codes kannst du mit deinem Mobiltelefon oder PDA mit integrierter Kamera die Videos zu den 20 einzelnen Babyzeichen abrufen (QR-Code-Reader können im App Store heruntergeladen werden und sind im Internet zum größten Teil gratis verfügbar). So lässt sich – anders als bei statischen Fotos – der Bewegungsablauf leichter nachvollziehen.

Die Babyzeichen sind jeweils in Großbuchstaben geschrieben.

MILCH

Gebärdenbeschreibung:

Rechte Hand auf Brusthöhe zur Faust, Daumen nach oben abgespreizt, Faust 3-mal öffnen und schließen wie beim Melken.

Anwendungstipp:

Das ist eines der allerersten Zeichen vieler Babys, da es zu jedem Stillen oder Fläschchen gezeigt und so vom Kind oft beobachtet werden kann. Die Bewegung des Öffnens und Schließens der Faust kann schon von ganz kleinen Babys gut nachgeahmt werden.

Erlebnisberichte:

„Mit Nora habe ich von Anfang an gebärdet. Als sie etwas über drei Monate war, hatte ich das erste Mal den Eindruck, dass die Gebärden bei ihr ankommen. Sie lag auf meinem Schoß und war ein wenig unruhig. Als ich ihr das MILCH-Zeichen zeigte, wurde sie sofort ruhig und strahlte mich an. Sie hat dann auch gleich getrunken, als ich ihr was angeboten habe. Inzwischen gibt es die Reaktion häufig, und sie freut sich immer, wenn sie durch das Zeichen weiß, was gleich kommt." (Anneke S.)

„Jana (9 Monate alt) wurde eines Nachts wach und schrie. Ich selbst war wohl in einer Tiefschlafphase und wurde erst wach, als sich der Papa um sie kümmerte und versuchte sie, zu trösten. Da hörte ich im Dunkeln ein wildes Kratzen auf der Bettdecke, das davon kam, dass Jana ihre Faust auf und zu machte. Ich sagte zu ihm: ‚Gib dir keine Mühe, sie will Milch‘ – und so war es dann auch." (Juliane B.)

www.versteh-dein-baby.com/
bz.php?1

www.versteh-dein-baby.com/
bz.php?1B

MEHR / NOCH EINMAL

Gebärdenbeschreibung:

Die Finger der linken Hand sind vor dem Körper gestreckt mit der Handfläche nach innen und Daumen angelegt, alle Fingerspitzen der rechten Hand zusammenhalten und damit 2-mal in die linke Handfläche tippen.

Anwendungstipp:

Wovon bekommt dein Baby nicht genug und möchte garantiert eine Wiederholung einfordern? Nutze dieses überaus beliebte „Zauberzeichen" in vielen Situationen des Alltags und beim gemeinsamen SPIEL, z. B. beim ESSEN, bei Kitzelversen, SEIFENBLASEN, beim BAUSTEINE aufstapeln und umwerfen ...

Erlebnisberichte:

„In der Kita zeigte Josie beim Essen immer MEHR, vor allen Dingen, um mehr Nachspeise zu ergattern. Ihr kleiner Kitakumpel beobachtete sie genau, übernahm das Zeichen und zeigte seiner verblüfften Mama zu Hause auch an, dass er Nachschlag haben möchte. Die Erzieherinnen haben sie dann aufgeklärt, was das alles bedeutet und wo es herkommt." (Mandy P.)

„Eine Mama hat ihrem kleinen Mann (7 Monate) nach dem Kurs immer noch Brei gefüttert, damit es sich bis zu Hause ausgeht. ‚Seit ein paar Tagen klatscht er dazwischen immer', sagte mir die Mama. Ich beobachtete das Schauspiel. ‚Bitte, bitte' habe sie ihm nicht beigebracht, meinte die Mutter. Sie fütterte ihn, und während sie Nachschub aus dem Becher holte, fing er an zu klatschen. Ich fragte sie dann, ob sie ihm MEHR gezeigt hätte. ‚Ja', sagte sie, ‚aber das sieht doch anders aus.' Er wollte MEHR und forderte es so, wie seine Händchen es bestmöglich schon zeigen konnten – eben noch nicht ganz perfekt." (Andrea G.)

www.versteh-dein-baby.com/
bz.php?2

www.versteh-dein-baby.com/
bz.php?2B

LICHT / LAMPE

Gebärdenbeschreibung:

Die rechte Hand als Faust mit dem Handrücken nach oben über Kopf-höhe halten, Faust schnell öffnen und alle Finger nach unten wegspreizen wie einen Lichtkegel.

Anwendungstipp:

Schon die Allerkleinsten sind superaufmerksam, wenn es LICHT zu ent-decken gibt. Seien es Lampen, die man an- und ausknipsen kann (LICHT AN, LICHT AUS), der Lichtstrahl einer Taschenlampe, die Lichter der Straßenlaternen oder Autoscheinwerfer, blinkende Lämpchen an Geräten wie Fernseher oder Computer, das Licht, wenn die Kühlschranktür geöff-net wird und ganz besonders natürlich beim Laternenumzug.

Erlebnisberichte:

„Mit dem Zeichen für LICHT kam mit etwa 13 Monaten bei meinen Zwil-lingen Max und Eren der große Durchbruch bei den Babyzeichen. Licht, Licht, Licht überall. Die kleinen Hände wollten gar nicht mehr stillhalten. Anhand des Begriffes konnte ich beobachten, wie das Babyzeichen als Brücke zur Sprache fungiert. Beide können zwar das Wort mit ihren jetzt 17 Monaten noch nicht richtig aussprechen, aber Licht wird nun meis-tens zusätzlich zum Babyzeichen noch mit ‚cht‘ kommentiert." (Dorit K.)

„Kürzlich durfte ich die 15 Monate alte Tochter einer Freundin sitten. Nachdem die Kleine aufgewacht war, wollte sie mir ihre Spielsachen im Wohnzimmer zeigen. Plötzlich zeigte sie mir das Zeichen für LICHT und deutete in Richtung Fernseher. ‚Nein, den machen wir jetzt nicht an!‘, sagte ich. Sie zeigte weiterhin das Zeichen für LICHT und wurde immer energischer. Nach einigem Hin und Her setzte ich mich zu ihr auf den Boden und wollte ihr klarmachen, dass wir jetzt lieber mit der Puppe oder Bauklötzen spielen, aber plötzlich sah ich, dass sich im dunklen Fernseh-bildschirm die Deckenlampe spiegelte. Da ist auch bei mir der Groschen gefallen! Und als ich der Kleinen sagte, dass ich die LAMPE auch sehe, war sie beruhigt und fing an mit den Bauklötzen zu spielen." (Karin F.)

www.versteh-dein-baby.com/
bz.php?3

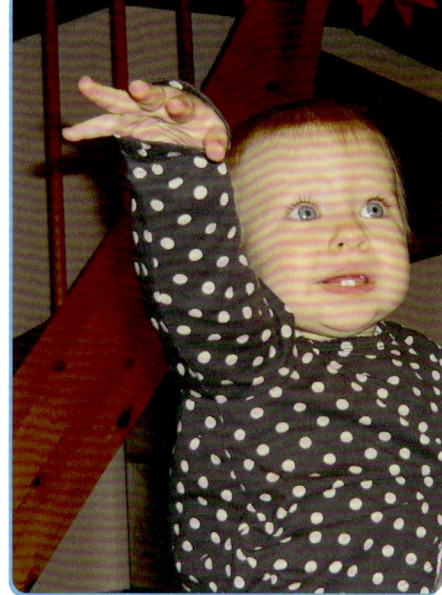

www.versteh-dein-baby.com/
bz.php?3B

MUSIK / SINGEN / LIED

Gebärdenbeschreibung:

Beide Hände zur Faust geformt vor den Oberkörper halten, dabei sind die Zeigefinger jeweils nach oben gestreckt, die Hände wie beim Dirigieren gleichzeitig im Bogen nach innen und außen bewegen.

Anwendungstipp:

Nutze das Zeichen, wenn du dein Kind fragst, ob ihr ein LIED (z. B. vor dem Einschlafen) singen wollt. Auch wenn ihr gemeinsam eine Kinderlieder-CD hört oder MUSIK im Radio oder im AUTO läuft, dann passt es prima dazu. So können kleine Musiker bald selbst anzeigen, dass sie sich ein Ständchen wünschen – egal ob live oder aus der Konserve oder selbst gemacht mit kleinen Instrumenten (z. B. eine mit Sand, Nudeln oder Reis gefüllte, gut verschlossene PET-Flasche oder als Kochlöffel-und-Töpfe-Band in der Küche).

Erlebnisberichte:

„Wir gehen spazieren und nehmen den Kinderwagen mit. Als ich meine Kleine hineinsetze und damit losfahre, fängt der Wagen an, ziemlich zu quietschen. Sie schaut mich erstaunt an und zeigt WO MUSIK? Ich lache und sage: ‚Nein das ist keine Musik'. Sie darauf mit Fragezeichen im Gesicht VOGEL?" (Bettina B.)

„Als mein ältester Sohn etwa 10 Monate alt war, ist er nachts oft hochgeschreckt und hat geweint. Ich bot ihm den Schnuller an, doch den wollte er nicht. Ich probierte es mit streicheln und gut zureden – kein Erfolg. Da zeigte er mir das Zeichen für MUSIK. Ich wunderte mich und dachte, es sei eine Erinnerung an den Tag. Aber dann sang ich ihm einfach sein Gute-Nacht-Lied vor. Und er drehte sich um und schlief ein. Ich war völlig perplex – nie zuvor war ich auf die Idee gekommen, ihm mitten in der Nacht etwas vorzusingen." (Karin P.)

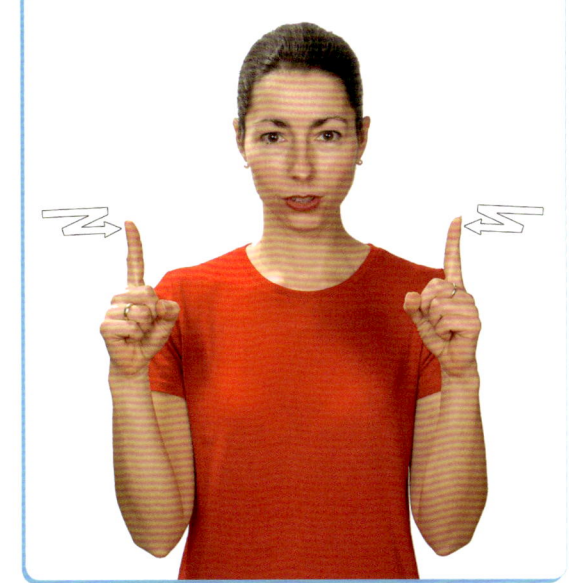

www.versteh-dein-baby.com/
bz.php?4

www.versteh-dein-baby.com/
bz.php?4B

BAUM

Gebärdenbeschreibung:

Linken Unterarm quer vor dem Körper strecken, Handfläche zeigt nach unten, Ellenbogen des rechten Armes liegt auf linkem Handrücken, Finger der rechten Hand sind nach oben gestreckt, rechte Hand 1-mal im Handgelenk nach vorn und zurück drehen.

Anwendungstipp:

BAUM ist eine Gebärde, die Babys schon erstaunlich früh lernen. Ich hätte nicht geglaubt, dass Bäume sie schon so früh faszinieren. Kinder zeigen die Gebärde meist nur mit einem bewegten Arm. Anfangs kann das eher wie ein Winken aussehen. Manchen Kindern fällt es schwer, eine Hand separat zu bewegen, daher nehmen sie beide Arme. Halte die Augen offen, wie dein Kind es umsetzt. Folge dem Blick des Babys, ob es BAUM meinen könnte, denn eine Freundin erzählte einmal verwundert, wenn sie im Park spazieren gehen, winke ihr Kind plötzlich allen. Bis ihr ein Licht aufging, dass der Kleine ihr all die schönen BÄUME zeigen will.

Erlebnisberichte:

„Eines der ersten Babyzeichen-Erlebnisse war eine Straßenbahnfahrt (Anne, 7 Monate), auf der sie einen Oberleitungsmasten offensichtlich für einen Baum hielt. Das hätte ich nie mitbekommen, wenn ich nicht gesehen hätte, wie sie beim Anblick des Masts begeistert BAUM zeigte, dann irritiert die Stirn runzelte, noch mal kontrollierend rausschaute und dann, überzeugt von ihrem Irrtum, die BAUM-Hand sinken ließ. Ohne das Zeichen hätte ich beobachtet: ein Kind, das nach draußen schaut." (Magdalena A.)

„Wir sind auf dem Spielplatz, als Mila (14 Monate) plötzlich innehält. Dann zeigt sie nacheinander: HÖREN – BAUM – VOGEL – MUSIK. Ihr erster Vierwortsatz! Neben meiner Begeisterung muss ich mich konzentrieren, um zu lauschen. Und dann höre ich, wie im Baum ein Vogel ein Pfeifen darbietet. Ohne die Babyzeichen hätte Mila wahrscheinlich einfach nach oben gezeigt, und ich hätte vielleicht nach einem Flugzeug gesucht … So konnte ich differenziert auf ihr Interesse eingehen!" (Anna S.)

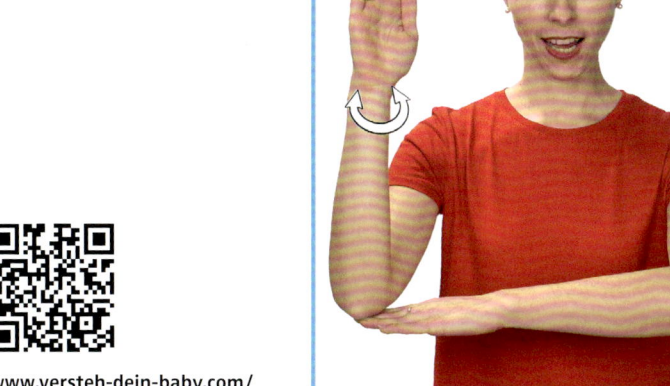

www.versteh-dein-baby.com/
bz.php?5

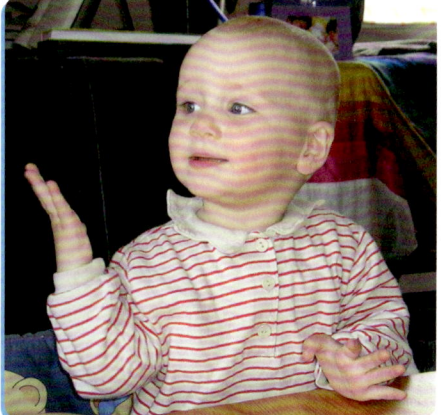

www.versteh-dein-baby.com/
bz.php?5B

VOGEL

Gebärdenbeschreibung:

Zeigefinger und Daumen gestreckt und zum Schnabel geformt, restliche Finger zur Faust, Zeigefinger und Daumen 2-mal am Mund öffnen und schließen.

Anwendungstipp:

Vom Fenster aus oder draußen in der Natur macht es Kindern viel Spaß zusammen die VÖGEL zu beobachten, zu HORCHEN wie sie SINGEN, zuzusehen, wie sie am Futter-HAUS ESSEN, zum Vogel-HAUS ein- und ausfliegen oder im WASSER BADEN. Streut den Piepmätzen doch gemeinsam Futter aus oder stellt eine Schale zum TRINKEN auf. Das geht zu allen Jahreszeiten.

Erlebnisberichte:

„Wir waren bei uns im Pferdestall. Ich arbeitete mit meiner Stute und hatte meine Aufmerksamkeit ganz auf sie gerichtet. Clemens (13 Monate) saß im Sand und spielte. Auf einmal war er ganz still und rührte sich nicht mehr. Ich fragte: ‚Clemens, was ist denn?‘, bekam aber keine Antwort. Ich fragte nochmals, keine Reaktion. Beim dritten Versuch schaute er mich an und machte zwei Zeichen: HÖREN und VOGEL. Er hatte einen Vogel gehört und wollte dem zuhören. Es war das erste Mal, das uns die Babyzeichen ein ‚Gespräch‘ ermöglichten über das, was ihn gerade beschäftigte!" (Martina P.)

„Wir sind gerade spazieren, Jann (1 Jahr) auf meinem Arm. Auf einmal hab ich eine tote Taube am Wegrand gesehen. Und während ich noch darüber nachdachte, wie ich Jann das erklären könnte, dreht er sich um, sieht die Taube, zeigt darauf und sagt ‚daaaa‘, macht das Zeichen für VOGEL und dann das Zeichen für SCHLAFEN ..." (Silvia M.)

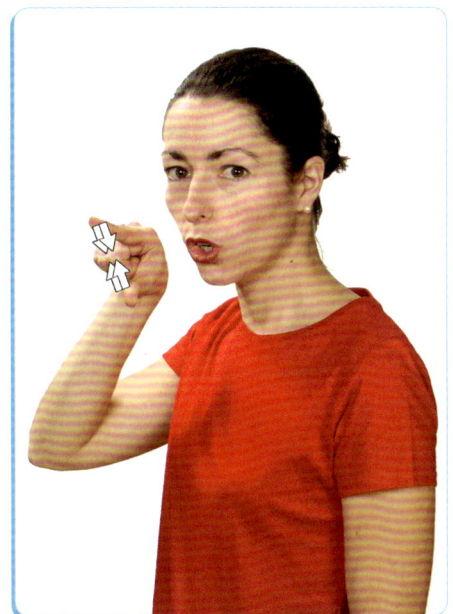

www.versteh-dein-baby.com/
bz.php?6

www.versteh-dein-baby.com/
bz.php?6B

ESSEN

Gebärdenbeschreibung:

Alle Fingerspitzen der rechten Hand zusammenhalten und 2-mal zum Mund führen.

Anwendungstipp:

Das klassische Zeichen zu allen Mahlzeiten: „Was macht Mama? ESSEN." Es passt aber auch für Tiere, denen man beim Futtern zuschaut (Haustiere oder Vögel draußen), dem Füttern von PUPPE oder TEDDY und zu allen Lebensmitteln.

Erlebnisberichte:

„Leya (8 Monate) quengelt und wirft beim Frühstück wiederholt ihre Apfelschnitze auf den Boden, zeigt aber immer wieder ESSEN. Als ich endlich frage, WAS sie denn ESSEN möchte, zeigt sie BROT. Das bekommt sie natürlich sofort und alles ist gut." (Anna S.)

„Gestern wollte Emilia unbedingt Trauben essen. Darauf fährt sie gerade voll ab. Ein Zeichen dafür hatten wir aber noch nicht gelernt. Was also tun? Sie kommt zu mir, guckt mich eindringlich an, zeigt ESSEN, LECKER und dazu BALL. Nach einem kurzen Moment war mir dann auch klar, um was es sich dreht." (Janina S.)

www.versteh-dein-baby.com/
bz.php?7

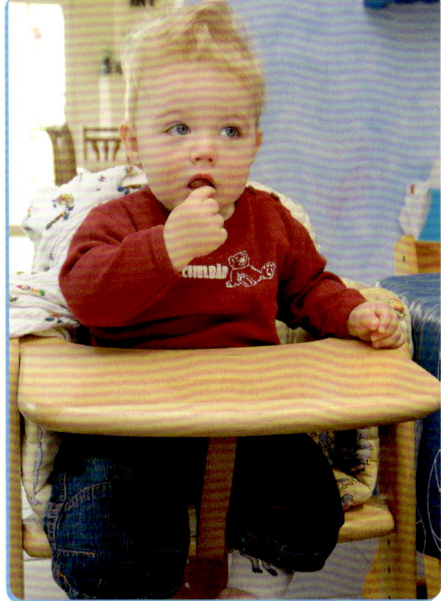

www.versteh-dein-baby.com/
bz.php?7B

TRINKEN

Gebärdenbeschreibung:

Rechte Hand formt ein C, dann wie ein Glas zum Mund führen.

Anwendungstipp:

Eine Geste, die jeder schon kennt. Die halb gekrümmte Hand führt einen Becher zum Mund. Wenn man den Kopf dazu noch ein wenig in den Nacken legt, wird es noch eindrücklicher. Eine Steigerung dazu wäre noch ein „Gluck, gluck, gluck". „WAS möchtest du TRINKEN?" Ab dem Alter von circa einem Jahr können Kinder auswählen und zeigen dann WASSER, TEE, SAFT oder MILCH. Mit dem Zeichen lässt sich auch erklären: Die KATZE TRINKT gern MILCH. Der VOGEL und der HUND TRINKEN WASSER.

Erlebnisberichte:

„Auch wenn man Babyzeichen erst mit dem vierten Kind entdeckt, ist man noch froh darum. Bei uns war es vor allem das Zeichen TRINKEN, wo wir den Nutzen für unsere Jüngste ganz deutlich spürten. Sie konnte zeigen, wann sie durstig war und gerade nachts, wenn sie weinte und dann einfach zeigte, sie möchte nur etwas TRINKEN und dann rasch friedlich weiterschlief, war es für uns so viel einfacher." (Kursteilnehmerin aus Linz)

„Unsere Kleine (etwa 14 Monate) steht im Garten am Vogelbad und zeigt mir VOGEL und TRINKEN. Darauf kommt ihr großer Bruder (4 Jahre) und erklärt ihr: „Ja die VÖGEL TRINKEN hier. Aber sie BADEN auch da drinnen." Man merkte, das beschäftigte sie den ganzen Nachmittag. Als Papa abends nach Hause kam, zeigte sie ihm: WASSER – VOGEL – TRINKEN – BADEN." (Vivian K.)

www.versteh-dein-baby.com/
bz.php?8

www.versteh-dein-baby.com/
bz.php?8B

ENTE

Gebärdenbeschreibung:

Finger der rechten Hand flach gestreckt, Daumen nach unten abgespreizt, Finger und Daumen mehrmals zusammenbringen und öffnen wie einen quakenden Schnabel.

Anwendungstipp:

Halte Ausschau nach ENTEN im Alltag: Sie tauchen überall auf, z. B. auf Gardinen, Schlafsäcken, WINDELN, Shirts, als Waschhandschuh, Quietscheente, in BÜCHERN und am SEE oder auch im LIED „Alle meine ENTCHEN". Du findest also garantiert eine Menge Einsatzmöglichkeiten.

Erlebnisberichte:

„Wir sind in den Zoo gegangen: Ich habe meine Tochter (10 Monate) auf dem Arm und zeige ihr vor dem Elefantengehege das Zeichen für ELEFANT. Sie schaut mich an und gebärdet ENTE (das war das dritte Zeichen, das sie gebärden konnte). Ich wiederhole die Gebärde für ELEFANT, zeige auf den, der vor uns steht, und schaue sie erwartungsvoll an. Sie schaut wieder ins Gehege, schaut zu mir und gebärdet ENTE. Und tatsächlich, der große Elefant war ihr vollkommen egal, viel interessanter fand sie die beiden Enten, die sich hinter einem Busch im Gehege verirrt hatten. Die wollte Sie mir unbedingt zeigen!" (Camilla L.)

„Mit dem VOGEL-Zeichen konnte ich die ‚Schubladisierung' der Wortbedeutungen bei meinem Sohn extrem schön beobachten. Zuerst waren alle Tiere mit Flügeln und Schnabel ein VOGEL. Nach einer Weile unterschied er jene mit flachem Schnabel und zeigte ENTE, alle anderen waren weiterhin VOGEL. Da wir einen HAHN in der Nachbarschaft haben, begann er, diesen auch zu zeigen, alle mit flachem Schnabel waren weiterhin ENTEN und der Rest VOGEL. Kurz darauf unterschied er noch HUHN und dann PINGUIN. Dann kam der PAPAGEI dazu und als letztes „gefiedertes Zeichen" der PFAU. So konnte er mir, bevor er überhaupt eine dieser Tierbezeichnungen aussprechen konnte, zeigen, dass er sehr wohl weiß, dass es verschiedene Vögel gibt." (Karin P.)

www.versteh-dein-baby.com/
bz.php?9

www.versteh-dein-baby.com/
bz.php?9B

SCHNULLER / NUCKEL

Gebärdenbeschreibung:

Zeigefinger der rechten Hand in den Mund stecken, mit den Lippen umschließen und wieder herausziehen.

Anwendungstipp:

Schau zuerst, ob dein Baby vielleicht schon eine eigene Weise entwickelt hat, um zu zeigen, wenn es einen Schnuller möchte. Manche Kinder schmatzen mit den Lippen, andere saugen an der Faust oder dem Handrücken. Dann hat es ja bereits ein eigenes Zeichen. Ansonsten kannst du die vorgeschlagene Geste verwenden.

Erlebnisberichte:

„Bereits mit etwa 10 Monaten erleichterten die Babyzeichen unseren Alltag erheblich. Mila war eigentlich eine gute Schläferin. Wenn sie nachts doch einmal erwachte, gab es dank der Babyzeichen trotzdem kein Geschrei. Sie rief einfach ‚Mama', ich tappte schlaftrunken zu ihr hinüber und machte das Nachtlicht an. Dann zeigte sie mir, was los war. Entweder wollte sie MILCH, ihren SCHNULLER, ich sollte SINGEN, oder sie wollte einfach weiter SCHLAFEN. Ich war so dankbar. Nie mehr musste ich vergebens angerührte Milchfläschchen wegschütten, denn zumeist war sie mit dem Schnuller zufrieden. Welche Erleichterung!" (Anna S.)

„Besonders beim Autofahren hat uns das SCHNULLER-Zeichen sehr geholfen. Denn so konnte Tilda schon recht früh während der Fahrt mitteilen, dass sie ihren SCHNULLER und ihr SCHMUSEKISSEN haben möchte. Für kurze Strecken hatte ich Schnuller und Kissen nicht immer mitgenommen. Wenn sie danach fragte, habe ich ihr mit Babyzeichen gezeigt, dass beides ZU HAUSE ist, und dass sie WARTEN muss. Sie verstand mich. Zu Hause konnte ich ihr beides dann sofort geben. Sie war zufrieden." (Mareike D.)

www.versteh-dein-baby.com/
bz.php?10

www.versteh-dein-baby.com/
bz.php?10B

ARBEITEN

Gebärdenbeschreibung:

Beide Hände zur Faust vor den Körper halten, rechte Faust klopft 3-mal auf linke Faust.

Anwendungstipp:

Wenn Mama oder Papa arbeiten gehen, kann es zum Abschied genutzt werden, um dem Kind zu verdeutlichen, wo du sein wirst. Im Tagesverlauf fragen Kinder zu Hause oder in der Betreuung immer mal wieder nach einem Elternteil (z. B. WO PAPA?) und möchten sich rückversichern, ob alles wie immer ist. Die Kombination PAPA (oder MAMA) und ARBEITEN gibt ihnen diese Rückbestätigung und Sicherheit. Aber auch für Baustellenfahrzeuge wie den BAGGER ist ARBEITEN sehr beliebt.

Erlebnisberichte:

„Als ich meinen Sohn Damian frage ‚Spielst du?', schüttelt er ernsthaft den Kopf und zeigt NEIN und ARBEITEN." (Kursteilnehmerin aus Thüringen)

„Vor Kurzem ließ ich einmal aus Zeitmangel das allmorgendliche Ritual ausfallen, dem Papa so lange am Fenster zu winken, bis das Auto ausgeparkt und außer Sichtweite ist. Anne (11 Monate) bekam gerade ihr Frühstück, als sie plötzlich innehielt, mit verzweifeltem Gesichtsausdruck zum Fenster zeigte, und PAPA und WINKE WINKE zeigte. Leider war ihr Papa da schon weg, was ich ihr mit den Zeichen AUTO und ARBEIT erklärte. Diesen Ablauf PAPA – WINKE WINKE – AUTO – ARBEIT wiederholte sie den ganzen Tag über immer wieder, so lange, bis er heimkam. Dann begrüßte sie ihn selig. Dieses Erlebnis hat mir gezeigt, wie sehr die Kleinen an Ritualen hängen und wie sehr sie darunter leiden, wenn solche Regelmäßigkeiten plötzlich wegfallen." (Magdalena A.)

www.versteh-dein-baby.com/
bz.php?11

www.versteh-dein-baby.com/
bz.php?11B

BADEN

Gebärdenbeschreibung:

Beide Fäuste versetzt am Oberkörper halten und gleichzeitig damit auf- und abstreichen.

Anwendungstipp:

Die Gebärde BADEN passt zum Abendritual, aber auch im GARTEN zu planschenden Piepmätzen am VOGEL-Bad oder für die ENTEN auf dem SEE sowie für KINDER im Planschbecken oder Freibad. Meine Tochter „badete" außerdem gern die geschälten Kartoffeln vorm Kochen in der Spüle.

Erlebnisberichte:

„Xavier war um die 10 Monate, als er immer mehr Zeichen benutzte. Eines Tages standen Würstel auf unserem Speiseplan. Xavier durfte immer schon in der Küche bei mir sitzen und mir ‚helfen'. Ich kochte das Wasser in einem großen Topf und gab 2 Paar Würstel dazu. Mein Blick wanderte natürlich immer zu Xavier und plötzlich musste ich laut lachen. Er zeigte intensiv das Zeichen für BADEN. Seit diesem Tag gab es bei uns noch sehr oft badende Würstel zum Essen!" (Cordula G.)

„Emilias Lieblingszeichen ist BADEN, weil sie das so gerne tut. Darüber ‚redet' sie jeden Tag mehrmals. Als sie es frisch gelernt hatte, war ich mit ihr mal am Bahnhof und habe gesagt: ‚Guck mal, gleich kommt die Bahn.' Und sie zeigt fragend BADEN? ‚Hahaha, nein, nicht BADEN, BAHN'." (Janina S.)

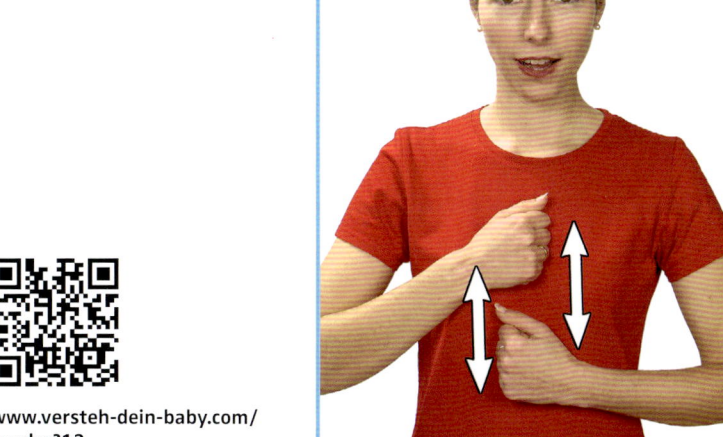

www.versteh-dein-baby.com/
bz.php?12

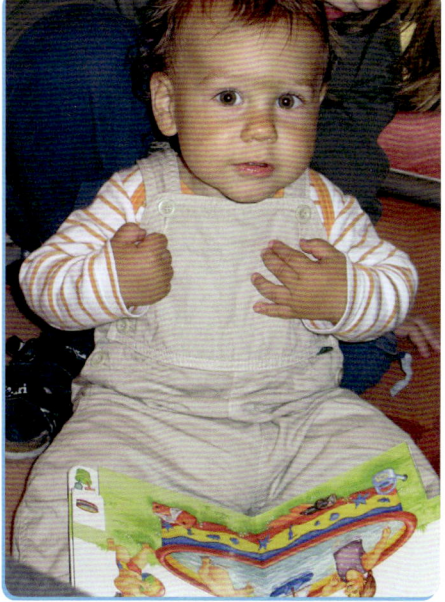

www.versteh-dein-baby.com/
bz.php?12B

BLUME

Gebärdenbeschreibung:

Die rechte Hand zur Faust formen, mit dem Handrücken nach unten halten, die Faust langsam öffnen und die Finger abspreizen wie eine aufblühende Blume, zur besonderen Verdeutlichung an die Nase halten und dazu schnuppern.

Anwendungstipp:

Man kann das Zeichen-zeigen-Wollen prima als Ausrede nutzen, um sich mal wieder einen schönen Strauß für den Esstisch zu leisten. Je länger er hält, desto mehr Zeichenwiederholungen, die fürs Lernen so wichtig sind, kann man machen.

Erlebnisberichte:

„Ich wurde schon von mehreren Leuten angesprochen, wie kommunikativ meine Tochter (11 Monate) sei. Vor allem älteren Leuten verdreht sie gerne den Kopf. Eines Tages, auf einer Busfahrt durch die Stadt, winkte und lächelte sie zuerst einer älteren Dame zu. Dann entdeckte sie deren Gehstock, der mit Blumen verziert war. Sie zeigte darauf, machte das Zeichen für BLUME und rieb sich danach die Brust, um zu zeigen, dass Blumen FEIN riechen." (Desiree Y.)

„Babyzeichen über das Babyalter hinaus: Jonathan (3 Jahre) wollte seinem Papa berichten, woher die Kratzer an seinem Bein stammen: ‚Da bin ich in die … in die … da bin ich in die … gefahren. Da bin ich mit dem Motorrad (Spielzeug!) in die … in die … Rosen gefahren!' Ich freue mich mit Jonathan, dass ihm das Wort doch eingefallen ist, und schaue zu meinem Mann. Der strahlt mich an und zeigt noch mal BLUME! Das Zeichen brachte Jo also auf die Sprünge. Einfach Klasse!" (Katharina M.)

www.versteh-dein-baby.com/
bz.php?13

www.versteh-dein-baby.com/
bz.php?13B

SCHLAFEN / MÜDE / BETT

Gebärdenbeschreibung:

Beide Handflächen aneinanderhalten und diese an ein Ohr und die Wange legen, den Kopf dabei leicht zur Seite neigen.

Anwendungstipp:

Wenn du erste Anzeichen für Müdigkeit bei deinem Kind erkennst (Gähnen, Reiben der Augen, Ziehen am Ohrläppchen), dann ordne sein Gefühl bzw. Bedürfnis anfangs für es ein: Du bist MÜDE. Lass uns ins BETT gehen und SCHLAFEN. Kinder nutzen tatsächlich freiwillig die Gebärde, wenn sie müde werden, und zeigen uns so, wann der günstige Zeitpunkt ist, sie hinzulegen.

Erlebnisberichte:

„Als Kevin, unser Pflegekind, im Alter von 13 Monaten zu uns kam und damals nur dasaß und weinte, habe ich ihm die Babyzeichen angeboten, und er hat sie sprichwörtlich ‚aufgesaugt'. Nach ganz kurzer Zeit schon setzte er sie ein. Meine anderen Kinder wollten nie ins Bett, aber Kevin zeigte schon beim Abendessen MÜDE, gleich darauf ZÄHNEPUTZEN, beim Zähneputzen SCHLAFEN. Kaum war er im Bett, zeigte er KUSCHELN. Dann haben wir gekuschelt und kurz darauf kam WINKE WINKE – für ‚raus mit dir, Mama, ich will jetzt schlafen.'" (Patricia S.)

„Nach einer eher schwierigen Nacht zeigte mir mein Zwergensprache-Baby (11 Monate alt) schon beim Frühstück, dass es MÜDE sei. Auf die Frage, ob sie denn ins Bett wolle, antwortete sie mit dem Zeichen für TRAGEN. So konnte ich die Tragehilfe holen und sie schlummerte zufrieden ein, ohne dass sie vorher hätte quengeln müssen, weil sie so ungewöhnlich früh schon wieder müde war und das Bedürfnis nach Körperkontakt hatte." (Desiree Y.)

www.versteh-dein-baby.com/
bz.php?14

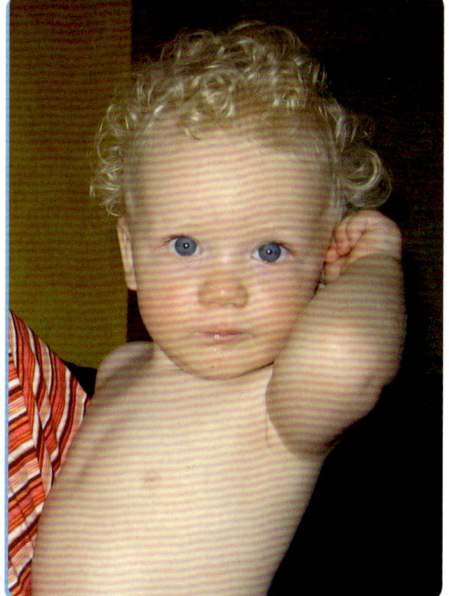

www.versteh-dein-baby.com/
bz.php?14B

FERTIG / ALLE-ALLE / LEER / WEG / ZU ENDE

Gebärdenbeschreibung:

Beide Fäuste vor dem Körper aneinanderhalten, Arme seitlich nach unten bewegen und dabei die Fäuste öffnen, als ob jede Hand etwas nach unten wirft.

Anwendungstipp:

Alles aufgegessen? Genug gehabt und nun fertig? Oder ist etwas zu Ende wie ein Spiel, ein Lied, ein Buch oder ein Besuch? Dann kann dieses Zeichen eingesetzt werden – dafür gibt es bestimmt jeden Tag viele Gelegenheiten.

Erlebnisberichte:

„Das Zeichen für FERTIG hat uns ganz viel Geschirr gerettet. Unsere Tochter hat nämlich immer, wenn sie fertig gegessen hatte, den Teller genommen und runtergeworfen. Als sie das Zeichen für FERTIG konnte, nutzte sie zuerst dieses, bevor sie zum Teller griff, sodass mir das Zeichen genug Zeit gab, schneller zu reagieren und den Teller in Sicherheit zu bringen." (Kursteilnehmerin aus St. Gallen)

„Wir lassen ab und zu den Saugroboter laufen, was unserem Baby (11 Monate) eher suspekt ist. Kürzlich hat das Gerät den Geist aufgegeben mitten in der Stube. Das Zwergensprache-Baby gebärdete sichtlich erleichtert ANGST FERTIG. Wie schön, dass sie sich schon so deutlich mitteilen kann!" (Desiree Y.)

www.versteh-dein-baby.com/
bz.php?15

www.versteh-dein-baby.com/
bz.php?15B

TELEFON

Gebärdenbeschreibung:

Rechte Hand zur Faust formen, Daumen und kleinen Finger abspreizen, Hand wie einen Telefonhörer an Ohr und Wange halten.

Anwendungstipp:

Die typische Geste, das TELEFON ans Ohr zu halten verbunden mit einem „Hallo", schauen sich die Kleinen ohnehin bei uns ab. Der Klingelton weckt allein schon ihre Aufmerksamkeit, sodass wir uns im Zwergensprache-Kurs kurz gegenseitig anrufen und die Kleinen die verschiedenen Töne hören und gespannt beobachten, was passiert und wie die Großen reagieren („Oh, Teeleefooon!").

Erlebnisberichte:

„Hinter dem Beifahrersitz hängt eine Tasche mit Spielsachen, die Tilda nicht erreichen kann, wenn sie angeschnallt ist. Mit Babyzeichen konnte sie mir aber zeigen, ob sie das TELEFON, den TEDDY, das BUCH oder ihr KISSEN haben wollte. Ein Griff nach dem gewünschten Spielzeug in der Tasche reichte und sie war glücklich." (Mareike D.)

„Wir saßen beim Essen. Frederick (etwa 17 Monate) aß seine Nudeln mit Tomatensoße ganz genüsslich und hatte dadurch total rote Soßenhände. Auf einmal klingelte mein Handy und sofort reagierte mein Sohn und drückte seine Tomatenhand gegen sein Ohr, um mir TELEFON zu zeigen." (Barbara M.)

www.versteh-dein-baby.com/
bz.php?16

www.versteh-dein-baby.com/
bz.php?16B

HUND (Variante 1)

Gebärdenbeschreibung:

Hände leicht gebogen vor den Körper halten, Daumen locker, Hände 2-mal nach vorn unten bewegen.

Anwendungstipp Variante 1 (für Nicht-Hundebesitzer):

Die Geste sieht aus wie „Männchen machen". Wer will, kann dazu noch hecheln oder bellen. Für Kinder ist es oft erstaunlich, welch Vierbeiner alles zu den HUNDEN zählen, so verschieden sind sie in Form, Farbe und Größe. Ein besonders wuscheliger, lockiger WEISSER HUND kann da auch schon mal als SCHAF durchgehen, auch wenn sein Besitzer dabei komisch schaut.

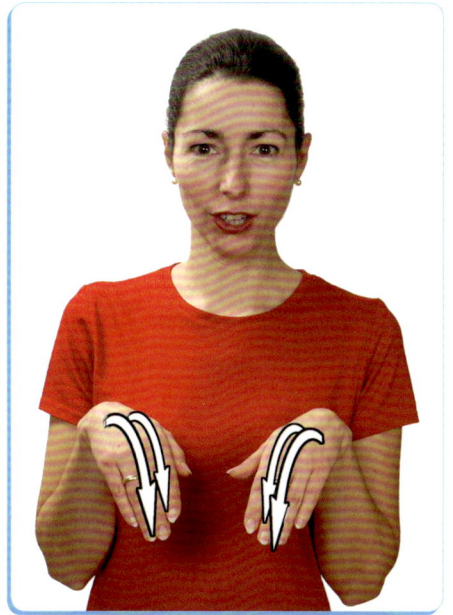

www.versteh-dein-baby.com/
bz.php?17a

www.versteh-dein-baby.com/
bz.php?17aB

HUND (Variante 2)

Gebärdenbeschreibung:

Mit der rechten Hand 2-mal auf den rechten Oberschenkel klopfen.

Anwendungstipp Variante 2 (für Hundebesitzer):

Nutze diese Variante, bei der du auf den Oberschenkel klopfst, besonders wenn ihr einen eigenen Hund habt, den ihr auf diese Weise ruft.

Erlebnisberichte:

„Theo war ca. 12 Monate alt. Wir waren auf einer Party. Dort waren auch zwei Hunde. Als Theo den Mopps gesehen hat, machte er das Babyzeichen für HUND. Als er allerdings eine riesengroße schwarz-weiße Dogge sah, sagte er: ‚Muh‘!" (Nina S.)

„Milena (17 Monate) und ich gehen Hand in Hand spazieren, als ein Mann mit einem weißen Pitbull auf uns zukommt. Milena sieht mich an und macht das Zeichen für SCHWEIN. Ich darauf: ‚Nein, Milena, das ist kein Schwein, das ist ein HUND!‘ Sie machte wieder das Zeichen für SCHWEIN und sah verärgert aus, als ich sie noch einmal zu korrigieren versuchte. Der Mann war mittlerweile in Hörweite und schien nicht sehr amüsiert über unseren Dialog." (Katharina P.)

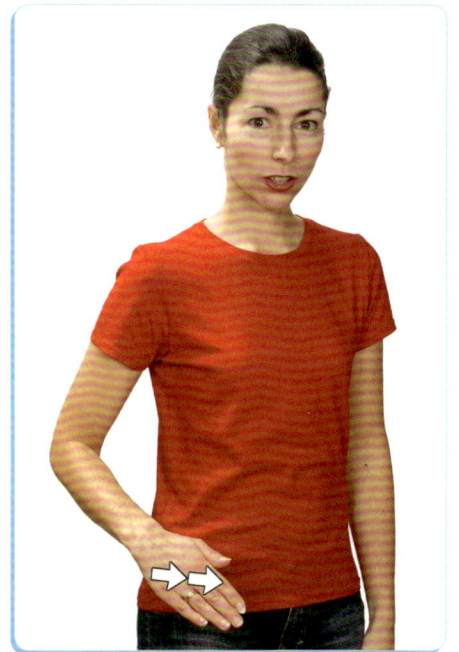

www.versteh-dein-baby.com/
bz.php?17b

www.versteh-dein-baby.com/
bz.php?17bB

HASE

Gebärdenbeschreibung:

Die flachen Hände als lange Ohren seitlich an den Kopf halten mit den Handflächen nach vorn, die Daumen sind innen angelegt, 2-mal mit den Fingern leicht vor und zurück wackeln.

Anwendungstipp:

Da die Ärmchen von Kleinkindern noch nicht so lang sind, setzen die Kinder die Hände als Hasenohren entweder an der Stirn, neben ihren Ohren oder am Hinterkopf an. Aber bestimmt wirst du den Hasen in dieser Form trotzdem erkennen.

Erlebnisberichte:

„Gespräch mit einem Anderthalbjährigen nach dem Aufwachen: Ich: ‚Heute darfst du wieder zu Oma und Opa gehen!' Er: ‚HASE mit!' Ich: ‚Ja, du darfst deinen Hasen mitnehmen.' Er: ‚Baba mit!' Ich: ‚Der Papa muss leider ARBEITEN und kann heute nicht mitkommen.' Er: ‚Baba mit!' Ich: ‚Du, das geht leider nicht! Papa muss heute ARBEITEN!' Er (schon ärgerlich): ‚Baba mit!' und zeigt dazu sehr impulsiv das Zeichen für BAGGER. Ich: ‚Ah, du möchtest auch deinen Bagger mitnehmen. Na klar, das darfst du gern.'" (Kathrin S.)

„Für unsere ältere Tochter habe ich ein Poster mit dem Alphabet in die Küche gehängt. Neben jedem Buchstaben ist ein Tier mit entsprechendem Anfangsbuchstaben zu sehen. Bei H ist der HASE zu sehen. Anscheinend war der Hase das Lieblingstier von Tilda (etwa 19 Monate), denn bei fast jeder Mahlzeit zeigte sie auf das Poster und machte das HASE-Zeichen. Ich wusste sofort, was sie meinte. Trotzdem habe ich das Poster ziemlich schnell wieder abgehängt, denn ihre Hände reichten noch nicht so hoch für „richtige" Hasenohren. Stattdessen griff sie mit den Händen rechts und links in die Haare – zu einer Zeit, als sie lernte, Apfelmus alleine zu essen." (Mareike D.)

www.versteh-dein-baby.com/
bz.php?18

www.versteh-dein-baby.com/
bz.php?18B

KATZE

Gebärdenbeschreibung:

Auf Höhe der Mundwinkel Daumen und Zeigefinger zusammenhalten, restliche Finger abspreizen, 2-mal Hände horizontal nach außen ziehen, als ob man Barthaare einer Katze nachzöge.

Anwendungstipp:

Zum Nachziehen der Barthaare noch „Miau" sagen. Wer eine eigene Katze hat, ruft sie vielleicht „Miez, Miez". Wie rufst du die Katze bzw. bei welcher Geste kommt sie? Diese übernehmen die Kinder dann meist als ihr Zeichen für KATZE. Für manche ist es auch eine Streichelgeste z. B. über den Unterarm.

Erlebnisberichte:

„Ich holte Mila (14 Monate) von ihrer Oma ab. Auf dem Heimweg kamen wir an einem kleinen Garten vorbei. In der Hecke saß eine Katze und sonnte sich dösend. Mila war ganz fasziniert von diesem Anblick und zeigte KATZE und SCHLAFEN. Genau eine Woche später holte ich Mila wieder bei der Oma ab. Als wir diesmal an der Hecke vorbeikamen, war die Katze nicht da. Da zeigte Mila ganz verwundert KATZE und WO? Schon toll, dass sie sich eine ganze Woche später noch daran erinnerte!" (Anna S.)

„Ich laufe mit Mathis (18 Monate) an der Straße entlang, und er guckt sich ein Zirkusplakat an, worauf ein großer Tiger zu sehen ist. Er zeigt mir das Zeichen für OMA. Ich muss erst lange überlegen, was der Zirkus mit der Omi zu tun hat, bis mir klar wird, dass er sicher meint, dieses große Tier sieht aus wie Omis KATZE." (Daniela B.)

www.versteh-dein-baby.com/
bz.php?19

www.versteh-dein-baby.com/
bz.php?19B

AUTO

Gebärdenbeschreibung:
Beide Fäuste vor dem Körper gegenläufig im Halbkreis auf und ab bewegen, als ob man ein Lenkrad steuert.

Anwendungstipp:
Die Lenkbewegung beobachten Kinder beim Autofahren und sind stolz, wenn sie auf dem Schoß bei uns sitzend auch mal das Lenkrad festhalten dürfen – natürlich nur im Stand bei ausgeschaltetem Motor. Daheim kann man eine AUTO-Fahrt nachSPIELEN und als Lenkrad für das Kistenauto oder den Wäschekorb einen Bierdeckel oder einen Pappteller nehmen.

Erlebnisberichte:
„Oma bringt Tilda (18 Monate) nach Hause. Sie gehen zur Tür, wo Papa bereits wartet. Tilda rennt zurück zum Auto. Papa ruft hinterher, dass sie hierbleiben soll. Er denkt, sie möchte mit Oma wieder wegfahren. Tilda dreht sich um und macht das Zeichen für AUTO und PUPPE. Sie hatte nur ihre Puppe im Auto vergessen und wollte sie schnell holen." (Mareike D.)

„Bei der Vorsorgeuntersuchung zum 2. Geburtstag fragte der Kinderarzt routinemäßig, ob mein Sohn schon Zweiwortkombinationen benutze. Das konnte ich sehr stolz bejahen, denn kurz zuvor hatte er mit dem Opa ein Cabrio beobachtet und Folgendes mit Wörtern und Zeichen erklärt: AUTO KAPUTT, AUTO DACH (mit dem Zeichen für Haus)." (Claudia S.)

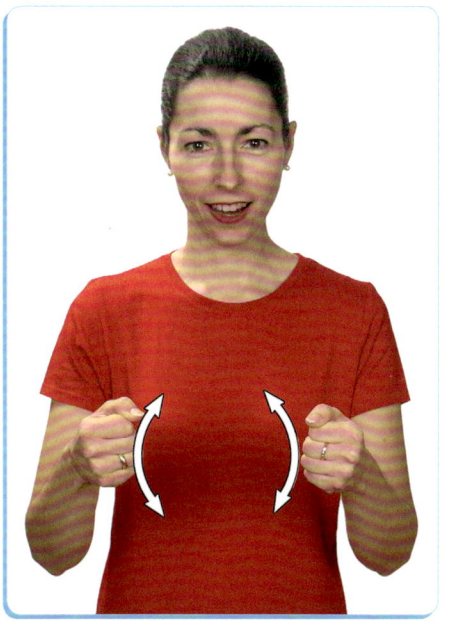

www.versteh-dein-baby.com/
bz.php?20

www.versteh-dein-baby.com/
bz.php?20B

Wo du weitere Zeichen erklärt findest

Alle weiteren Handzeichen der im Text in Großbuchstaben geschriebenen Begriffe findest du in den vielfältigen Lehrmaterialien der Zwergensprache. So sind über 300 Babygebärden und dazu viele Spiel- und Praxisideen z. B. in meinem „Großen Buch der Babyzeichen" enthalten. Etliche davon kann man auch in der „Babyzeichen Zwergensprache"-App nachschlagen, die es für iOS und Android gibt. Papp-Bilderbücher zu Themen wie Tiere im Garten, Wald, Zoo, Bauernhof, Fahrzeuge und Farben sowie Plakate für Starterzeichen und Tiergebärden und sogar einen Adventskalender mit weihnachtlichen Zeichen findest du im Buchhandel und unter www.babyzeichensprache.com.

DIE EROBERUNG DER WELT DER WÖRTER

In diesem Kapitel wollen wir uns anschauen, in welchen Etappen dein Baby die Welt der Wörter erobert und wie du es dabei unterstützen und spielerisch begleiten kannst. Bevor wir uns damit beschäftigen, was auf dem Weg zur Lautsprache ungefähr wann auf der Sprach-Entwicklungs-Baustelle bei den meisten Babys passiert, wollen wir schauen, welche Einflussfaktoren eine entscheidende Rolle für das sprachliche Grundgerüst spielen.

Wie kommen die Wörter in dein Kind?

Kleine Kinder lernen ganz von selbst sprechen, indem sie die Sprachlaute aus ihrer Umwelt filtern. Dabei nimmt dein Baby sogar Lautunterschiede wahr, die dir als Erwachsenem verborgen bleiben. Nimmt man alle etwa 7 000 Sprachen, die es auf der Welt gibt, zusammen, dann finden sich darin ungefähr 200 Vokale und 600 Konsonanten. Eine unglaubliche Vielfalt! Miteinander kombiniert ergeben sie eine schier endlose Vielzahl an verschiedenen Lauteinheiten. Und für die hat dein Baby im ersten Lebensjahr ein ganz sensibles Gehör. Schon bei wenigen Wochen alten Säuglingen haben sich bestimmte Hirnregionen auf das Wahrnehmen von Sprachlauten spezialisiert.

Bis zum Alter von etwa 10 Monaten kann dein Kind akustisch viel mehr Laute voneinander unterscheiden als du. Es kann dadurch spielerisch jede beliebige Sprache erlernen, einfach durch Berieselung und durch das tägliche Bad in Sprache. Danach spezialisiert es sich beim Herausfiltern der Laute immer mehr auf die, die in seiner Muttersprache und dem regionalen Dialekt vorkommen. Die kleinen Statistiker werten einfach aus, welche Muster und Laute in ihrer Umgebung besonders häufig vorkommen. Unbedeutende Lautfeinheiten gehen in diesem Prozess zugunsten der Wesentlichen verloren. So sind z. B. kleine Chinesen irgendwann nicht mehr in der Lage, ein „R" zu hören, weil es dies in ihrer Sprache nicht gibt.

Babys Sprachgewandtheit hängt aber nicht nur vom Erkennen von Lauten ab, die Sprachmelodie ist für sie genauso wichtig. An ihr erkennt das Kind, wo ein Wort aufhört und das nächste beginnt. Außerdem lernt es über die Melodie, Fragen von Aussagen und auch Stimmungen wie fröhlich oder traurig zu unterscheiden. Die Sprachmelodie nimmt dein Baby schon im Bauch wahr und bevorzugt deshalb, sobald es auf der Welt ist, den typischen Singsang seiner „Muttersprache" gegenüber allen anderen Sprachen.

 TIPP: HALLO, BAUCHBEWOHNER!

Auch Papas Stimme wirkt auf das Neugeborene beruhigend, wenn es sie schon aus Bauchzeiten kennt. Da die tieferen Töne von Männerstimmen besonders gut durch Bauchdecke und Fruchtwasser dringen, können „zum Bauch redende" Papas schon früh eine Bindung zum Baby aufbauen.

Die Macht deiner Sprache

Fehlt es einem Baby an Muttermilch, so gibt es Alternativprodukte. Sein Gehirn aber wird allein durch seine Bezugspersonen gedeihen, die möglichst viel und einfühlsam mit ihm sprechen. Für diese Art von Nahrung gibt es keinen Ersatz.

Fehlen einem Kind die sprachlichen Anregungen, so hat dies leider auch direkte Auswirkungen auf den IQ und den späteren Lernerfolg, so wurde festgestellt. Da 85 Prozent unseres Gehirnwachstums in den ersten drei Lebensjahren erfolgen, legen in dieser Zeit die Eltern durch die Quantität und Qualität der gemeinsamen Kommunikation die Grundlage für alles weitere Lernen ihres Kindes. Sie schaffen den Rahmen durch die Umweltbedingungen, in denen und mit denen ein Kind sich die Welt der Wörter zu eigen machen kann, was es darin erfahren, wahrnehmen, lernen und anwenden kann. All das zusammen bestimmt den Aufbau seiner Gehirnwindungen und seiner vernetzten Schaltverbindungen.

Wie wichtig es ist, die Kinder von Anfang an in Sprache zu „baden", zeigten Studien schon vor über 20 Jahren. So stellte man fest, dass Kinder aus bildungsfernen Familien im Laufe der ersten drei Lebensjahre etwa 30 Millionen Wörter weniger zu hören bekommen als Kinder aus einem bildungsnahen Familienumfeld. Das hat Auswirkungen auf den kindlichen Lernerfolg im Hinblick auf Wortschatz, IQ und Bildungserfolg bis in die Schulzeit hinein.

Sprache als Schlüssel zum Lernen

Der direkte soziale Austausch zwischen deinem Baby und dir ist ein Schlüsselfaktor für die Lautsprache. Doch kaum sind Wörter ausgesprochen, so sind sie auch schon wieder verschwunden – außer, man hält sie eben begleitend in einer Geste fest. Auf diese Weise kannst du

deine Sprache auch problemlos an die momentane Wahrnehmungs-
geschwindigkeit deines Kindes anpassen.

Wenn du zudem das Schlüsselwort mit einer Geste verknüpfst, wie
wir es im Babyzeichen-Kapitel gesehen haben, dann werden Wort
und Geste eine untrennbare Einheit. Und wenn dein Baby dann später selbst erste Gesten nachahmt, um von sich aus in Kommunikation
und den Austausch mit dir und seinem Umfeld zu treten, dann hat
es das Wort zur Geste auch schon „im Kopf". Auch und gerade dann,
wenn es das Wort noch nicht aussprechen kann.

Das geistige Potenzial deines Kindes ist nicht, wie vielfach angenommen, zur Geburt schon unwiderruflich festgelegt und unveränder-
lich, es wird vielmehr bestimmt durch das, was das Kind an Erfahrungen in seinen prägenden ersten drei Lebensjahren sammeln darf.
Dies bestimmt die Architektur seines Gehirns. Und da ist der direkte
soziale Austausch von Angesicht zu Angesicht beim Lernen allgemein
und für das Lernen von Sprache im Besonderen der Hauptfaktor fürs
Gelingen.

Viel hilft manchmal wirklich viel

Auch in anderen Studien gab es zahlreiche Hinweise darauf, dass
die Sprachfähigkeit im Schulalter davon abhängt, wie viele Wörter ein Kind als Baby und Kleinkind zu hören bekam. Je mehr mit
einem Kind gesprochen wurde, desto besser waren seine sprachlichen Fähigkeiten in den ersten Schuljahren. Dabei spielt wiederum
eine entscheidende Rolle, ob mit dem Kind oder sozusagen „am Kind
vorbei" geredet wurde. Hier wurden enorme Unterschiede deutlich:
Manche der Kinder hörten nur 2000 Wörter am Tag – andere hingegen über 15000. Auch bei der Frage, ob die Kinder direkt angesprochen wurden, zeigte sich eine immense Spanne mit auf der einen
Seite weniger als 1000 Wörtern direkter Ansprache bis hin zu über
10000 pro Tag auf der anderen.

Spannend ist bei solchen Studien nicht nur, dass der Wortschatz, der in viel direkter Ansprache „gebadeten" Kinder, deutlich größer ausfällt, sondern auch, dass die Reaktion auf Sprache und gezeigte Bilder bei ihnen rascher erfolgt. Zudem steht auch das Sprachverständnis der Kleinen, mit denen viel gesprochen wurde, in einem engen Zusammenhang mit der Bereitschaft der Eltern, mit ihrem Kind zu sprechen. Hier zeigte sich ein Spiraleffekt: Je besser ein Kind Sprache verstand, desto mehr sprachen die Eltern auch mit ihm. Dadurch vergrößert sich der Vorteil von Kindern mit früher Sprachfähigkeit durch die Rückkopplungen von den Eltern noch mehr.

Wir haben in diesem Kapitel bis hierher nun schon gesehen, dass viel Sprache – und zwar in direkter Ansprache – einen wesentlichen, positiven Einfluss auf Babys Sprachentwicklung hat. Aber auch die Art und Weise, wie du dein Kind ansprichst, macht viel aus. Wenn Kinder viel negativen sprachlichen Input in Form von schroffen Zurechtweisungen oder durch häufige Ansagen im Befehlston erhalten, hemmt dies ihren Spracherwerb in doppelter Hinsicht: Zurechtweisungen im Stil von „Lass das!", „Sei ruhig!", „Wird's bald!" fehlt es nicht nur an sprachlicher Komplexität, sie sind zudem mit einem unwohlen Gefühl verbunden, sodass der Lerneffekt in diesen Momenten gegen null tendiert.

Sprache macht dein Kind stark

Gib dem Kind ab einem gewissen Alter Wahlmöglichkeiten, stell Fragen und bezieh es in Überlegungen ein. Denn nur so kann es neben seinen sprachlichen Fertigkeiten auch seine Selbstregulation einüben. Und diese ist für späteren Lernerfolg ebenso wichtig. Seine eigenen Bedürfnisse in ein zielgerichtetes Handel zu verwandeln und sich auf eine Sache konzentrieren zu können, ohne sich von spontanen Impulsen ablenken zu lassen, braucht Übung und steht in direktem Zusammenhang mit den sprachlichen Fähigkeiten des Kindes.

Kindern, die z. B. aufgrund von mangelnden sprachlichen Anregungen in ihrem Umfeld oder aufgrund von Hörproblemen eine verzögerte Sprachentwicklung haben, fehlt es zumeist an einer ausgeprägten Fähigkeit zur Selbstregulation. Sie neigen dadurch oft zu Verhaltensauffälligkeiten und haben Mühe mit ihrer Selbstkontrolle – ein schwer zu durchbrechender Kreislauf. Wird das Gesprächsklima in einer Familie durch Stress, Gefühlskälte und negative Äußerungen beherrscht, schürt dies bei Kindern Angstgefühle und erzeugt eine latente Bedrohungssituation voll Unsicherheit. Und die hemmen jegliches Lernen und wirken sich, weil sie im selben Hirnareal verarbeitet werden, auch auf die Fähigkeit zur Selbstregulation negativ aus.

Genauso wenig, wie Lernen unter Druck und Stress funktioniert, ist dies auch bei elektronischen Babysittern und Bespaßern der Fall: Baby-TV, Spielkonsolen für Minis oder Computer sind kein Ersatz für Gespräche im Familienkreis – in keinem Alter. Sprache lernen Kinder nur in direktem sozialem Kontakt von lebendigen Bezugspersonen. Und dabei ist jedes Wort, das du von Angesicht zu Angesicht mit deinem Baby wechselst, ein einzelner Baustein für das Wortgerüst der elementaren Sprachbaustelle in seinem sich rasant entwickelnden Gehirn.

Wie spreche ich mein Baby eigentlich richtig an?

Im Grunde tust du intuitiv das Richtige, ohne lange zu überlegen. Wir alle sprechen automatisch auf eine besonders angepasste Weise mit unseren Babys. Und dies ist in allen Sprach- und Kulturkreisen praktisch gleich. Du bist also nicht allein mit deinem Singsang. Junge Eltern und auch ältere Geschwister wechseln in einen singenden Tonfall, sprechen langsamer, wiederholen Wörter häufiger und sprechen diese überdeutlich aus. Unseren Jüngsten kommt dies beim Prozess der Sprachaneignung im ersten Lebensjahr enorm zugute. Und zwar aus mehreren Gründen.

Zum einen nimmt dein Baby diese sogenannte Ammensprache von der Tonhöhe her besonders gut und aufmerksam wahr. Sie macht dich selbst zum Mittelpunkt. Zum anderen kann es in dieser Sprechweise die Sprachmerkmale durch Vereinfachung besser erkennen. Die Ammensprache vermittelt nicht nur Wörter, sie ist geprägt durch Emotionalität und Beziehung. Wenn dein Baby dich so sprechen hört, ist die Faszination, dir zuzuhören für dein Baby so stark, dass es dadurch ungemein motiviert ist, sich selbst zu äußern. Und es schenkt ihm Sicherheit, weil diese Zuwendungsweise von dir ihm vermittelt: „Ich höre dich. Ich antworte dir. Ich bin für dich da."

Ob beim Stillen, Füttern, Wickeln oder Baden – zu jeder Zeit kannst du Ammensprache als Magnet fürs Hinhören und Zuwenden einsetzen. Erste kleine Neugeborenen-Dialoge begleiten wir körpersprachlich zusätzlich – ebenfalls intuitiv – auf diese Weise: Sprechen wir das Kind an, lehnen wir uns leicht vor und reden mit ansteigender Stimme. Ist das Baby an der Reihe zu reagieren, zeigen wir den Dialogwechsel körperlich oft an, indem wir uns wieder etwas zurücklehnen und erwartungsvoll die Augenbrauen hochziehen. Diese Sprachsignale zusammengenommen sind der Schlüssel zum Lernen im sozialen Miteinander.

Dein Baby versteht dich von klein auf

Dass Babys mehr verstehen, als sie sagen können, ist, so glaube ich, jedem von uns klar. Bisher war die landläufige Meinung, dass Babys erst mit 15−24 Monaten dazu imstande sind, sich selbst und die sie umgebenden Individuen zu erkennen und sich ihrer unterschiedlichen Absichten bewusst zu sein. Neuste Studienergebnisse zeigen jedoch, dass dies schon viel früher der Fall ist.

Bereits mit zwei Monaten sind Babys in der Lage, auf Handlungen, die ihnen gegenüber gezeigt werden, entsprechend zu reagieren. So kannst du bei deinem Kind in diesem jungen Alter schon beobachten, dass es z. B. seinen Rücken steif macht, bevor es von dir hochgehoben wird. Dieses Bewusstsein für die Absichten anderer entsteht im direkten Dialog des Babys mit seiner Umwelt. Es ist also schon für Säuglinge wirklich wichtig, dass wir sie bewusst mit ihren Fähigkeiten wahr- und ernst nehmen und sie als aufmerksame, reaktionsfähige, soziale und intelligente Wesen achten.

Auch Psychologen betonen, dass der direkte emotionale Dialog die Grundlage für das Lernen in diesem Alter ist.

Spielerisch sprechen lernen

In diesem Kapitel bekommst du einen Eindruck davon, woran dein Kind in welchem Alter in etwa sprachlich gerade werkelt und worauf sein besonderes Augenmerk für die nächste Entwicklungsphase liegt. So bist du sensibilisiert dafür, wie eine passende Erfahrungswelt für dein Kind jeweils aussehen kann.

Komm mit auf den Sprach-Spielplatz

Da die Kleinen spielerisch stets am besten lernen, sollen Tipps für Spiel und Spaß nicht fehlen. Lass dir also zeigen, wie man Wörtern Beine macht – manchmal sieht man das Spiel vor lauter Alltag ja nicht. Dieser Abschnitt will dir ein paar Ideen geben, wie du kommunikative Spielsituationen schaffen kannst oder dich darauf stupsen, wo sie bereits um die Ecke warten, nur um von euch gemeinsam entdeckt zu werden. Jedoch nicht als Sprachtraining, Lernprogramm oder Pflichterfüllung, sondern zielführender als magische Momente der spielerischen Versunkenheit. Also genießt solche Spielmomente voller Nähe bewusst, denn die beste Sprachförderung ist bekanntlich eine gute Beziehung zu deinem Kind. Mit dem Zugang zu Sprache öffnest du für dein Kind das Tor zur Welt.

Die Zeit zwischen dem 9. und dem 36. Monat wird als sie sogenannte „sensible Phase" für das Sprechenlernen bezeichnet. In diesem Zeitfenster nimmt dein Kind besonders aufmerksam und leicht sprachlichen Input auf. Es lernt, was Sprache ausmacht und wie diese funktioniert einfach durch kontinuierliche sprachliche Anregungen. Was es in dieser Zeit an Fähigkeiten erwirbt, bildet dann wiederum die Grundlage für alles weitere Lernen, das auf diesem frühen Grundgerüst aufbaut.

Natürlich können wir die Sprachentwicklung eines Kindes nie isoliert betrachten, denn sie vollzieht sich im Wechselspiel mit seinen kognitiven und motorischen Fähigkeiten, die wie Rädchen ineinandergreifen, sich gegenseitig stützen und voranbringen. Die Bereiche Denken, Bewegen und Tun spielen deshalb zusätzliche zu Sprachverständnis und Sprachproduktion eine gleichberechtigte Rolle in der Gesamtentwicklung des Kindes.

Wenn wir uns nun die einzelnen Etappen des Spracherwerbs anschauen, dann ist es mir wichtig, noch einmal zu betonen, dass die folgende Altersunterteilung mit ihren jeweiligen Angaben nur durchschnittliche Richtwerte sind, um dir einen allgemeinen Fahrplan aufzuzeigen. Welches Kind ist schon der Durchschnitt? Das einzelne Kind wird davon abweichen und folgt einem individuellen Verlauf in seiner Sprachentwicklung. Logopäden zufolge sind Abweichungen in diesem Alter von bis zu einem halben Jahr unbedenklich. Deshalb bitte nicht ins Baby-Ranking verfallen. Du hast sowieso ein Unikum in deinem Kind, das seinen eigenen Weg finden wird und dessen Spracherwerb sich nicht in vorgefertigte Listen zum Abhaken pressen lässt. So bleiben Spannung und Vorfreude darauf, wann die nächste Fähigkeit erworben sein wird!

0–3 Monate: Lernen durch Eltern-Echo

Babys machen schon von Beginn an verschiedene Laute. Zum einen sind es die reflexbasierten Dunstan-Laute, die du im zweiten Kapitel kennengelernt hast, mit denen es seine Grundbedürfnisse kundtut. Außerdem kannst du einen Mix aus Gurren, Schreien, Glucksen und Sprudeln hören, mit dem es zum einen Kontakt aufnimmt, der aber auch von taktilen Reizen im Mund gesteuert wird. Zwischen der 6. Lebenswoche und dem 3. Monat beginnt meist die erste Lallphase, in der dein Baby sich an ersten Sprachexperimenten versucht: Es übt Lippenformen und verschiedene Zungenstellungen, es trainiert seine Stimmbänder, probiert hohe und tiefe Töne aus und experimentiert dabei mit seiner Atmung. Ergebnis sind niedliche Lallmonologe und lange Lautketten. In diesem Alter ist es noch nicht auf die muttersprachlichen Laute beschränkt.

Das erste soziale Lächeln zeigen die Kleinen meist zwischen 2–3 Monaten. Ab da sind Eltern vor Entzücken meist nicht mehr zu halten und wollen diesen Moment der Hochstimmung durch Ansprache und erste kleine Dialoge immer wieder hervorzaubern. Am besten gelingt dies – und jeder tut es intuitiv auf der ganzen Welt – in der bereits erwähnten Ammensprache. Sie wirkt positiv aktivierend und hat genau die richtige Tonhöhe für Babyohren. Außerdem entspricht diese Sprechweise dem Aufnahmevermögen der Allerkleinsten.

Ideen für spielerischen Sprachspaß

Babytalk
Sprich mit deinem Baby, sobald du es im Arm hältst. Deine Stimme wirkt vertraut und beruhigend. Haltet dabei Blickkontakt, was im klassischen Stillabstand von 20–30 cm am besten funktioniert. Auch Wickel-Tisch-Situationen sind ideale Gesprächsmomente. Lege zwischen kurzen Sätzen immer wieder Pausen ein, um dein Baby zu aminieren, selbst einzustimmen. Nimmst du die Dunstan-Laute für

Hunger, Müdigkeit, Bäuerchen, Bauchweh oder Unwohlsein wahr, kannst du parallel zu diesen Bedürfnisäußerungen schon die ersten Babyzeichen einführen, damit du selbst dich daran gewöhnst und dein Baby diese von klein auf im Kontext erleben kann.

Wiegenlieder

Sing dem Baby sanft schaukelnd Wiegenlieder vor, denn diese greifen den Rhythmus deines Herzschlags auf, der deinen kleinen Schatz an die heile Bauchwelt erinnert. So fühlt er sich sicher und geborgen.

Gesichter angucken

Sogar in diesem Alter sind schon kleine Minidialoge möglich: Wiederhole einfach die Laute, die dein Baby macht. Achte dabei auf Pausen und Signale, die zeigen, wann dein Baby genug hat. Setze deine Mimik ein und schau, wie dein Kleines darauf reagiert. Ausdrucksstarke Gesichter angucken ist sein Lieblingsspiel in dieser Zeit. Schon Neugeborene ahmen unseren Gesichtsausdruck und die Mundformen nach. Du kannst abwechselnd die Zunge rausstrecken, einen O-Mund formen und kriegst du auch ein Fischmaul hin?

Horch auf Töne

Spieluhren oder sanfte Glöckchen sind gut geeignet, um das Hören und Zuhören anzuregen. Wichtig ist, dabei alle Hintergrundgeräusche auszuschalten. Babys fällt es sonst schwer, sich auf die vordergründigen Geräusche zu konzentrieren. Am liebsten lauscht es natürlich deiner Stimme. Und wenn du ihm etwas vorsingst – egal ob Kinderlieder oder einen selbst ausgedachten Quatsch-Song.

Erste Materialerfahrungen

Ausgeprägte Kontraste ziehen Babys Aufmerksamkeit an. Dies können zum einen entweder Farbkontraste sein z. B. in Stoffbüchern, bei schwarz-weißen Kuscheltieren oder T-Shirts an dir, in Gesichtern oder an Mobiles. Zum anderen ist Stoffspielzeug interessant, das unterschiedliche Oberflächen, Materialien und Strukturen vereint.

BABYS SCHREIEN IN MUTTERSPRACHE

Dein Baby erkennt die Stimmen seiner Eltern schon, bevor es auf die Welt kommt. Seine muttersprachliche Prägung beginnt bereits im Mutterleib. Schon ab der 16. Schwangerschaftswoche kann dein Baby nachweislich hören. Vom 7. Monat an ist seine Hörfähigkeit voll ausgebildet. Ab da lauscht es auf die Geräusche und Stimmen, die in seine Bauchwelt vordringen. Ob ein Säugling ein kleiner Franzose oder ein kleiner Deutscher ist, lässt sich bereits am Schreien von drei bis fünf Tage alten Neugeborenen erkennen. Das hat man an der Uniklinik Würzburg herausgefunden. Kleine Franzosen schreien eher mit aufsteigendem Klang und deutsche Babys mit eher absteigenden Stimmchen entsprechend der jeweiligen Sprachmelodie. Höre bei deinem Baby mal genau auf den Tonfall. Auch das Brabbeln mit etwa 10 Monaten ist typischerweise muttersprachlich gefärbt.

4–6 Monate: Die Hirn-Hardware mit Spracheindrücken bespielen

Dies ist die hingebungsvolle Lutsch- und Schleckphase. Alles, was dein Baby zu greifen kriegt, wandert zur eingehenden Untersuchung in seinen Mund. Damit macht es sich ein Bild von der Welt und den Dingen, deshalb ist wichtig, dass du ihm den sabbernden Spaß der Mundwahrnehmung gönnst. Sieh es als Gehirnjogging und Sportprogramm für seine Mund- und Gesichtsmuskulatur und den Zungeneinsatz – das wird später alles für die aktive Sprachproduktion benötigt.

Das ausgiebige Testen des Stimmchens steht natürlich weiterhin auf Babys täglichem Übungsprogramm – jetzt erweitert durch Schmatz- und Zischlaute. Nun entdeckt es auch laut und leise und mit etwa 5 Monaten beginnt es, Silben zu wiederholen („Baba!"). Das Baby erkennt einzelne Wörter und Satzgrenzen sowie Wortbetonungen. Außerdem kann es jetzt viel gezielter und beherzter zugreifen und erkennt seinen eigenen Namen.

Für die Babyzeichen-Kommunikation wichtig: Mit etwa 6 Monaten können Babys ihre Händchen so gezielt einsetzen, dass sie Gegenstände von einer Hand in die andere übergeben können. Eine echte Leistung, denn dabei muss über die Körpermittellinie hinweg gegriffen werden. Außerdem beginnt es meist zwischen 5 und 6 Monaten die Objektpermanenz zu verstehen, das heißt, es begreift, dass Dinge nicht aufhören zu existieren, nur weil sie aus seinem Blickfeld verschwinden.

Ideen für spielerischen Sprachspaß

Effekthascher

Gegenstände mit den Augen zu verfolgen, Stimmen und Geräuschquellen aufzuspüren und den Kopf dorthin zu wenden, sind neue Errungenschaften ab etwa 3 Monaten. Ab meist 4 Monaten wird Spielzeug interessant, das mit Geräuschen oder Lichteffekten aufwarten kann. An diesen lässt sich immer wieder das Ursache-Wirkungs-Prinzip studieren. Druck aufs Knöpfchen und es passiert etwas. Die Begeisterung ist deinem Kind dann ins Gesicht geschrieben – auch nach dem 100. Mal noch. Dazu passen Babyzeichen wie HORCH oder LICHT oder MUSIK ausgezeichnet.

Guck, guck – da!

Zum Ende dieses Altersabschnittes kommen „Guck, guck – da!"-Spiele langsam in Mode, die die Objektpermanenz erlebbar machen. Deckst du mit Spannung ein Spielzeug mit einem Tuch ab oder versteckst es hinter deinem Rücken oder in einer Box und zauberst es wieder hervor, kannst du sicher sein, dass dein kleiner Spielpartner viele Runden Wiederholung einfordern wird. Durch die klassischen „WO ist denn ..."-Fragespielchen kannst du dein Baby schon früh kommunikativ und reaktiv herauskitzeln.

Weitwurf

Spielzeug oder Gegenstände fliegen gern von Babyhand gesteuert in hohem Bogen nach unten – z. B. wenn es im Hochstuhl sitzt. Nun schaut dein Baby aber schon hinterher, wohin die Dinge verschwunden sind. Clevere Eltern binden das Spielzeug daher an Stofftücher oder Bänder, damit die Kleinen es selbst wieder hinaufzuangeln lernen. Bei allen anderen stärkt das Bücken die Bauch- und Rückenmuskulatur als Rückbildungsgymnastik im Alltag ...

Sprich mich an!

Vertrautes hört dein Baby gern. Setze in Lieder seinen Namen ein, z. B. statt „Dornröschen war ein schönes Kind ..." eben „Lea ist ein kleines Kind ..." oder bezeichnet abwechselnd eure Körperteile: „Mamas Nase – Oskars Nase, Opas Bauch – Oskars Bauch, Teddys Ohren – Oskars Ohren". Auch bei Versteckspielen kann man fragen „Wo ist meine Lotta?" Am Tisch macht es Spaß, „einen Löffel für Theo", „einen Löffel für Papa" usw. zu spielen. Natürlich ohne damit das Aufessen erzwingen zu wollen.

Welt unter Kontrolle

Kinder segeln ruhiger durch den Tag, wenn ihnen die Abläufe bekannt sind und Übergänge ihnen erleichtert werden, damit sie sich auf das folgende Neue einstellen können. Abrupte Änderungen, die sie aus der Situation herausreißen, sorgen für lautstarken Unmut. Mache dir bei diesen Situationswechseln einfach die Babyzeichen zunutze. Indem du deutlich sagst und anzeigst, was als Nächstes kommt, machst du es deinem Kind leichter, sich darauf einzustellen. Selbst mit 2–3 Jahren gibt den Kindern dies eine bessere Vorhersehbarkeit und Orientierung innerhalb der Eckpunkte des Alltags. Bei Eltern beliebte Babyzeichen für die tägliche Routine sind neben MILCH, ESSEN, WINDELN, SCHLAFEN, SPIELEN, BADEN, RAUSGEHEN, auch FERTIG, STOPP, WARTEN, NACH HAUSE.

7–9 Monate: Lautmalereien: Vom Lallen und Brabbeln

Dieser Altersabschnitt ist eine besonders spannende Zeit, in der dein Baby auf allen möglichen Entwicklungsbaustellen Gas gibt. Bei manchen ist die Motorik vorrangig, wenn sie lernen, alleine zu sitzen oder sogar zu robben beginnen. Damit haben sie dann wirklich alle Hände voll zu tun. Die kleinen Zwerge, die die Händchen noch oder wieder frei haben, machen hingegen eher kommunikativ große Sprünge. Wer schon differenziert greifen und in die Hände klatschen kann oder sogar winkt, ist auch in den Startlöchern für seinen Babyzeichen-Weg und drückt sich gern gestenreich aus. Da dein Kind mit etwa 8 Monaten zum Teil schon bis zu 50 Wörter versteht, ist es super, wenn es einen passenden Kanal – eben die Handzeichen – zum Mitreden hat.

Lautmalerisch kommt nun die 2. Lallphase zum Tragen. Der zweite Teil der Lallphase wird dominiert von den sprachlichen Anregungen, die dein Baby in seiner Umwelt findet. Es verstärkt aus einem angelegten Pool von Lauten nun nur noch diese in seiner Lautproduktion, die es in seinem Umfeld wiederholt wahrnimmt. Das geht am Ende so weit, dass es später nur noch diejenigen Laute auseinanderhalten kann, die in seiner Muttersprache relevant sind. Für kleine Deutsche sind dies u. a. auch „L" und „R". Im Japanischen hingegen kommen diese Laute nicht vor, sodass sich „Laster" und „Raster" für sie gleich anhören.

Weiter geht es dann mit dem Brabbeln, ganzen Silbenketten („dadada!") und sogar mehrsilbigen Lauten. Das Brabbeln ist zuerst unabhängig von der Muttersprache. Ab etwa 9–10 Monaten lehnen sich Babys Lautkombinationen aber immer mehr dem täglich Gehörten an. Gekonnt filtert es die häufigsten Vokale und Konsonanten heraus. Das Lautieren bekommt deshalb jetzt akustisch einen mehr muttersprachlich geprägten Charakter in der Betonung.

Dein Baby hängt mit etwa 7–8 Monaten nicht nur sprachlich gesehen an deinen Lippen, nein es klammert sich auch physisch sehr an deinen Rockzipfel, wenn es jetzt zu fremdeln beginnt. Auf dem Arm fühlt es sich am sichersten und möchte permanent eigentlich nur ganz nah bei Mama oder Papa sein. Gespräche mit fremden Personen kommen da gerade oft nicht so gut an.

Ideen für spielerischen Sprachspaß

Zeit fürs Buch

Zwischen 7 und 9 Monaten ist es höchste Zeit fürs erste einfache Bilderbuch, wenn euch vorher noch keines untergekommen sein sollte. Mit Babyzeichen kannst du die Bilder in den ersten einfachen Büchern zum Leben erwecken, sodass dein Baby viel Spaß dabei haben wird, dir zuzuhören und zuzusehen. Mehr Anregungen findest du im Kapitel „Die Welt der Bücher entdecken".

Bewegte Sprache

Viel Spaß mit Sprache und Bewegung haben aufgeweckte Zwerge auch mit Fingerspielen, Kniereitern, Kitzelversen sowie beim Singen und Tanzen. Ein Zwergensprache-Babyzeichen-Kurs für Eltern mit ihren Babys bietet dafür übrigens zahlreiche Ideen und Ausprobiermöglichkeiten (Kursorte unter www.zwergensprache.com). An welche Verse und Spiele aus deiner eigenen Kindheit erinnerst du dich? Höchste Zeit, die wieder aufleben zu lassen! „Hoppe, hoppe Reiter", „Alle meine Entchen", „Zehn kleine Zappelmänner" oder „Es tanzt ein Bi-Ba-Butzemann" werden euch ab jetzt über Monate und Jahre begleiten. Also schnapp dir dein Baby und gib dieses interaktive Kulturgut fröhlich an die nächste Generation weiter!

Lall mit

Spiele zum Lösen der Zunge machen auch gemeinsam Spaß: Wie wäre es mit Lall-Reimen? Achte darauf, was dein Baby sagt: „bababa" – höre aufmerksam zu und spiegele es mit „bababa". Nach einer Weile ist es Zeit für eine Variation: Aus „bababa" wird „gagaga" oder aus „mamama" wird „momomo" und „mimimi". Dein Baby wird fasziniert sein. Lass ihm nur immer wieder den Vortritt und greif dies dann auf. Das Ganze schult seine Dialogfähigkeit im Abwechseln und das Wahrnehmen von Lautmustern – also sein phonemisches Bewusstsein. Und deine Beteiligung löst beim Baby rasch ein begeistertes Nachahmen aus.

Hütchenspieler

Wenn sich neue Wörter mit Bekanntem mischen, Gegenstände erscheinen und verschwinden und plötzlich wieder hervorgezaubert werden, es spannend und bunt zugeht, dann kannst du dir Babys Aufmerksamkeit gewiss sein. Solche geteilten Augenblicke mit dir sind die idealen Lernmomente für neue Begriffe. Verstecke unter einigen bunten Schälchen oder Muffinförmchen kleine Spielzeuge wie Tiere oder Kekse in Tierform. Verrücke diese hin und her (WARTE), frage „WO ist ..." und lass dein Baby suchen und finden. „WAS ist das denn?" Bezeichne, was es sieht oder tut und achte darauf, neue Wörter wenigstens dreimal deutlich vorzusprechen, damit dein Baby sie gut verinnerlichen kann. Durch Berühren der Dinge oder essen ist es noch aktiver einbezogen. Lass es selbst entscheiden, was seine Aufmerksamkeit am meisten fesselt und geh darauf sprachlich ein. Springe nicht zu rasch hin und her, sondern lass Babys Aufmerksamkeit den Prozess steuern.

Hausmusik

Sicher wirst du täglich mehrmals in der Küche einige Zeit zubringen, um das Essen für deine Familie zuzubereiten. Für ein Baby ein spannender Alltagsmoment, in dem es viel beobachten, hören, riechen, fühlen und schmecken kann. Beziehe es dabei ein, indem es auf einfache Weise mithantieren darf und dich beim Gebrauch von Werkzeug beobachten kann. Wenn du kochst, kannst du es mit Hausmusik beschäftigen. Ein paar leere Schüsseln, Töpfe und Löffel als Schlagzeug, gut verschlossene PET-Flaschen gefüllt mit Nudeln, Reis oder getrockneten Bohnen als effektvolle Rasseln oder selbst zu singen, sorgen garantiert für Stimmung bei der Küchenparty.

DER GLEICHKLANG MACHT'S

Die ersten Wörter, die ein Baby zu sprechen lernt, sind meist „Mama" und „Papa". Warum ist dies so? Zum einen sind Mutter und Vater natürlich die Personen, die ihm am vertrautesten und wichtigsten sind. Aber es steckt beim Prinzip und dem strukturellem Muster des Sprechenlernens noch mehr dahinter. Das Gehirn ist schon von Geburt an darauf geeicht, auf sich wiederholende Silben gleichen Klangs besonders zu reagieren. Die für die Spracherarbeitung zuständigen Regionen sind von vornherein spezialisiert und reagieren deshalb z. B. auf bestimmte sprachtypische Klangfolgen stärker als auf andere Geräusche. Wen wundert es da noch, dass in Kindersprache in vielen Ländern die Begriffe für Eltern und Großeltern Silben haben, die sich wiederholen wie bei „Papa", „Tata" oder „Nonno"?

10–12 Monate: Lernen durch gemeinsamen Fokus

Jetzt läuft der Countdown für Babys erstes Wort. Zumeist sagen Babys dieses das erste Mal bewusst irgendwann zwischen 9 und 14 Monaten. Erste Worte sind meistens „Mama" oder „Papa". Ein paar Spezialisten beginnen auch mit „Arbeit", „heiß", „Eierbecher", „Ziegenfrischkäse" oder „Mayonnaise". Babyzeichen-Kinder zeigen in dem Alter häufig schon fleißig, was sie bewegt und formen mit Zeichen oder auch durch Kombinationen von Wort und Zeichen zum Teil schon vor dem ersten Geburtstag Zwei- und Dreiwortsätze.

Durch das Krabbeln kommt dein Baby mit immer mehr neuen Dingen in Berührung. Diese möchte es benannt haben. Du merkst das am typischen, sogenannten referenziellen Blickkontakt: Dein Baby schaut auffordernd zwischen dir und einem Gegenstand hin und her oder zeigt darauf oder streckt ihn dir entgegen. Sein Gesichtsausdruck sagt: „Gib mir bitte mehr Infos dazu." Hilf ihm dabei, indem du den Dingen einen Namen gibst – am besten unterstützt durch die bildhaften Erklärungen der Babyzeichen. So sind Wörter leichter verständlich und auch besser erfahr- und speicherbar.

Lass den kleinen Entdecker beobachten, wie du mit den Gegenständen umgehst und wozu sie dienen. Da dein Kind jetzt schon leichte Aufforderungen versteht und damit beginnt, Gegenstände als Werkzeuge einzusetzen, seht ihr interaktiven und abwechslungsreichen Dialogen beim gemeinsamen Werkeln entgegen. Nutze diese Momente, um begleitend zur Handlung zu sagen, was ihr gerade seht und erlebt.

Ideen für spielerischen Sprachspaß

Bitte – Danke
In diesem Alter gewinnen Abwechslungsspiele an Attraktivität. Dazu zählt das Geben und Nehmen („bitte – danke") spielen, aber auch abwechselndes Verstecken von Dingen oder Fangen. Bälle hin und her und sich gegenseitig zuzurollen oder Autos zu schieben oder nacheinander Rampen heruntersausen zu lassen, all das sind Aktionen, die die Kinder zu gern mit ihren Eltern teilen.

Viel Wind machen
Pustespiele trainieren die Mundmotorik deines Kindes auf sehr vergnügliche Weise. Zeig ihm, wie es geht, und sei gegebenenfalls sein Assistent. Kinder haben viel Ausdauer darin, Seifenblasen zu pusten, Windrädchen in Bewegung zu setzen, Pusteblumensamen über die Wiese zu schicken, Wattebällchen oder fluffige Federn über Tische hinweg durch ihre Windkraft zu bewegen.

Tischspruch

Reime schulen wiederum Babys Ohr für ähnliche und unterschiedliche Sprachlaute. Deswegen kommen Tischsprüche bei den kleinsten Mitessern auch so gut an. Wie z. B. der folgende:

Der Teddy (oder Name des Kindes), der Teddy,
dem schmeckt alles bei Tisch.
Das Brötchen, die Nudeln, der Käse, der Fisch (oder andere Leckereien)
Und ist der Teller auf einmal leer,
sagt unser Teddy: „Bitte, noch mehr!"

Ob mit oder ohne Babyzeichen, Tischsprüche oder Tischgebete sind ein schönes Ritual.

Sortieren, stapeln, stecken

Voll Hingabe werden in diesem Alter Schubladen bestückt – in jeder Hinsicht. Nicht nur im Oberstübchen, sondern auch ganz praktisch durch Ein- und Ausladen von Lastwagenladungen, Einsortieren und Auskippen von Steckspielen, aufeinander Stapeln und Umwerfen von Bauklotztürmen oder das beliebte „Durch-ein-Loch-stecken" und Befüllen von Taschentuch-Zugboxen. Dabei werden die Hand-Augen-Koordination und der Pinzettengriff geübt, neue Erkenntnisse über Form und Beschaffenheit von Gegenständen gesammelt und die Begeisterung für die Konzepte AUF und ZU oder AN und AUS ausgelebt. Unterbrich Babys vertieftes Spiel nicht unnötig, es soll ja auch lernen, sich selbst in Ruhe zu beschäftigen. Sei aber in der Nähe und ansprechbar, wenn es dich braucht oder einbeziehen möchte. Außerdem eignen sich Sortierspiele mit Memorykärtchen oder Gläserdeckeln, in die man Sticker von Tieren oder Spielzeug geklebt hat, prima für die Wortschatzpraxis, bevor sie im Schlitz verschwinden.

Überraschende Gesichtsmotorik

Kinder haben viel Spaß daran, deine Nase anzufassen und auf Augen, Ohren, Mund zu zeigen, erst in deinem Gesicht oder am Teddy und später an sich selbst. Körperteile zu benennen passt dabei in Wickel- oder Umzieh-Situationen oder beim Kuscheln im Bett. Zum Gaudi wird dieses Spiel, wenn du ein paar unerwartete Reaktionen einbaust: Drückt dir dein Baby auf die Nase, streckst du überraschend deine Zunge raus. Das funktioniert ein paar Mal mit Wiederholung, bis es vorhersehbar wird. Um die Interaktion aufrechtzuerhalten, wechselst du jetzt die Strategie. Nun kommt ein lustiger Ton oder du lässt das Kind beim Nasedrücken auf deinem Schoß kurz hochhopsen. Auch beim gern gespielten Backenaufblasen und Drauf-patschen-Dürfen lassen sich über Laute, Mimik und Kitzeleien Effekte von Ursache und Wirkung stets neu arrangieren und erkunden.

BABYSPRACHE – SINNVOLL ODER UNSINNIG?

Die Ammensprache hilft Kindern beim Spracherwerb, weil der Singsang in kürzeren und langsamer gesprochenen Sätzen in höherer Tonlage es dem Kind erleichtert, den Einheits-Wort-Brei in lexikalische Häppchen zu zerlegen. Außerdem heben diese sich so von Hintergrundgeräuschen deutlich ab. Babys sind aufmerksamer und können sich Wörter besser merken, wenn diese stark betont ausgesprochen werden anstatt in der normalen Art und Weise wie unter Erwachsenen. Ammensprache meint aber nicht etwa Wortverstümmelungen oder -verkürzungen wie „Happahappa" für essen oder „deidei machen" für schlafen.

13–18 Monate: Das Sprachventil öffnet sich

Die ersten Wörter, die Babys sprechen, sind häufig Eigenkreationen wie z. B. „Miii" für „Milch". Die meisten bezeichnen sie umgangssprachlich als „Babysprache". Ohne Handbewegung vom Kind dazu, kann dies schon zu Stirnrunzeln und Rätselraten nach dem Ausschlussprinzip führen. Aber die Kleinen sind jetzt mit voller Begeisterung auf dem Sprachtrip: Bis zu 50 Wörter können sie mit anderthalb Jahren in etwa sprechen. Gespeichert im Köpfchen sind mit 12 Monaten etwa 100–150 und mit 18 Monaten sogar bis zu 200 Wörter. In diesem Alter überwiegen in reiner Lautsprache (also ohne Babyzeichen) noch die Einwortäußerungen, und zwar in Form von Substantiven (z. B. „Wauwau", „Ball", „Auto" ...).

Dein Kind versucht nicht nur das nachzuahmen und nachzusprechen, was es gerade von dir sieht und hört, es begleitet nun auch schrittweise seine eigenen Handlungen mit Sprache. Seine Einwortäußerungen bekommen über die passende Betonung dazu schon grammatikalischen Gehalt: Es hebt die Stimme z. B. für Fragen („Teddy?") oder senkt sie bei Aufforderungen („Teddy!").

Und nicht nur die Sprache bekommt in diesem Alter Beine. Dein Baby erkundet mit anderthalb Jahren, erst unsicher tapsend, dann tippelnd und bald flitzend, seine kleine Welt. Wenn motorische Schritte anstehen, kann allerdings die Sprachbaustelle mal für eine kurze Weile auf der Strecke bleiben. Sind sie flink auf zwei Beinchen unterwegs, ist wieder Raum für neue Entwicklungsschritte auf anderen Gebieten.

HITLISTE DER ERSTEN WÖRTER

Was ein Kind zuerst spricht, ist individuell verschieden und hängt von unterschiedlichen Faktoren ab. Neben den Spitzenreitern in der Hitliste der ersten gesprochenen Wörter – wie Mama, Papa, Wauwau, Auto, Ball, Arm, da, nein oder Bagger – benennen kleine Kinder das zuerst, womit sie eigene Erfahrungen haben. Dein Kind lernt Wörter schneller, die von dir in einem sogenannten charakteristischen Kontext – also ins Alltagsleben eingebettet – benutzt wurden. Das sind Wörter, die du zu einer bestimmten Tageszeit (z. B. zu den Mahlzeiten), an einem bestimmten Ort (z. B. Wickeltisch) oder zusammen mit den stets gleichen Worten sprichst (z. B. „Tschüss" beim Winken zum Abschied, „auf den Arm", wenn man diese ausstreckt, um das Kind hochzunehmen). Je unverwechselbarer die Benutzung des Wortes ist, umso früher sprechen Kinder es zum ersten Mal.

Bekannt ist dir bereits, dass dein Kind dann Sprache leichter lernt, wenn Wörter direkt in Handlungen eingebunden sind, die sich oft wiederholen und die dein Kind gut vorhersehen kann – wie in Ritualen eben. Innerhalb dieser Situationen kann sich dein Kind die Bedeutung von Wörtern am besten erschließen. Kurze Wörter lernen Kinder besonders leicht, vor allem auch, wenn diese in kurzen Sätzen auftauchen und sie sie häufig hören können. Aber gerade dann, wenn man sie direkt anspricht, verarbeiten Kinder Sprache am besten.

Ideen für spielerischen Sprachspaß

Sing- und Mitmachspiele

Stimmung ist immer dann mit den Kleinen garantiert, wenn es Action gibt mit Musik und Bewegung. Singspiele sind deshalb top, und zwar in diesem Alter z. B. in Form von „Wir gehen heute auf Bärenjagd …", „Zeigt her eure Füße", „Brüderchen, komm tanz mit mir" oder dieser:

Mit Fingerchen, mit Fingerchen (dazu mit ausgestreckten Zeigefingern auf die Tischplatte klopfen)
Mit flacher, flacher Hand (flache Hände patschen auf den Tisch)
Mit Fäustchen, mit Fäustchen (Fäuste pochen auf Tisch)
Mit Ellenbogen (Ellenbogen auf Tisch stützen) – klatsch, klatsch, klatsch (in die Hände klatschen).

Wer kann alles fliegen?
„Alle Tiere fliegen hoch in die Luft!" (erst mit den Händen auf dem Tisch trommeln, dann bei „hoch" die Hände nach oben strecken, danach wieder absenken)
„Alle Vögel fliegen hoch! (Hände hoch) …

Jetzt nennt der Sprecher im Vers jeweils verschiedene Dinge, die fliegen können und streckt die Hände dabei zum Himmel. Große Geschwister können dabei prima einbezogen werden. Für sie erhöhe ich den Schwierigkeitsgrad, indem ich Sachen einflechte, wie z. B. Löffel, Hosen, die nicht fliegen können. Das Kind muss gut zuhören und darf nur dann seine Hände hochrecken, wenn es sich tatsächlich um flugfähige Objekte handelt, was nicht so leicht ist, weil ich meine Arme immer hochreiße. Auch wenn die Kleinen noch nicht alles verstehen und wissen, haben sie allein aufgrund des Lauschens und der Bewegung Freude.

Spiegelbilder
Ein neuer Meilenstein der Selbstwahrnehmung ist, dass sich dein Baby jetzt selber im Spiegel erkennt. Das bietet tausend Möglichkeiten für die Selbstbeobachtung – angefangen vom Beäugen gleichzeitig gezeigter Babyzeichen übers Zeigen auf Körperteile bis hin zu Mimikstudien für Mundbewegungen (kauen, lächeln, Kussmund, Zunge rausstrecken, Lippen lecken …) oder Mimikstudien verschiedener Gefühlslagen (freuen, traurig, erschrecken, Schmerzen haben, lachen, gähnen, müde …). Schals, Hüte oder andere Klamotten zum Verkleiden zu nutzen, bringt ebenfalls viel Spaß.

Sweet Memories

Wie kann man mit seinem Kind über Dinge oder Menschen sprechen, die gerade gar nicht da sind? Oder Erinnerungen teilen an Dinge, die im letzten Urlaub passiert sind? Am besten geht dies über Fotos – sei es an der Wand, als Kalender, als Fotobuch oder auf dem Handy. Begleite eure Alltagserlebnisse mit der Kamera und schaut euch die Ergebnisse immer wieder an, um darüber zu sprechen und die Erinnerung daran aufzufrischen oder sie mit Oma zu teilen, die nicht dabei sein konnte. Sie zeigen dein Kind in allen Lebenslagen und in schönen Momenten, die sich auf diese Weise nachhaltig in seinem Erinnerungsschatz einprägen und es selbst zum Erzählen bringen.

Kleine Helfer

Versuche in jedem Alter dein Kind in die alltäglichen Abläufe und Erledigungen einzubeziehen. Es kann dabei so viel lernen und abschauen. Ab einem Jahr machst du deinen Schatz besonders stolz, wenn er dein kleiner Helfer und Handlanger sein darf: Taschen ein- und auspacken, Waschmaschine ein- und ausräumen, Gegenstände oder Lebensmittel wie Kartoffeln zum Schälen zureichen, Blumen im Garten unter Wasser setzen, fegen, wischen. Begleite mit Worten, was du machst und warum – so verbindest du Pflicht und Kür in deiner Dreifachrolle als Mama / Papa, Haushaltshilfe und Sprachvorbild.

Kritzelbilder

Ab etwa 10 Monaten fangen die Kleinen an, gern mit Stiften auf Papier zu kritzeln. Zwischen 12 und 18 Monaten wissen sie meist auch genau, was sie da gezeichnet haben. Für uns meist noch schwer erkennbar, schenkt es ihnen Wertschätzung, wenn wir darüber ins Gespräch kommen und wir uns die Elemente des frühen Kunstwerkes von ihnen erklären lassen. Viele rote Kreise ineinander mit einem markanten abstehenden roten Bogen waren der erste FUCHS, wie meine Tochter mir durch Babyzeichen erläutern konnte, den sie mit etwa 17 Monaten zu Papier brachte. Ein Tier, was sie in Büchern stets schaurig schön fand und viel darüber sprechen und hören wollte.

Beobachtungen einer Logopädin und Mama zu Babyzeichen und „WORTSCHATZSPURT" (von Nina S.):

Mia hatte bis zum 18. Lebensmonat so um die 100 Zeichen in ihr Repertoire aufgenommen und durch ein paar wenige Wörter ergänzt (Mama, Papa, Oma, Opa, da). Das ist jetzt ungefähr zehn Wochen her. Etwa ab diesem Zeitpunkt setzte das ein, was ich jetzt mal als den verbalen Anteil der Sprachentwicklung bezeichne: Sie fing an, neue Wörter auszuprobieren und anzuwenden, auch in Kombination (Wort + 1 Zeichen, Wort + 2 Zeichen, Wort + Wort). Erst zögerlich, dann immer schneller, bis sie während der letzten zwei Tage praktisch alle ein bis zwei Stunden mit einem neuen Wort herausrückte. Und sie plapperte nicht nur einfach nach, sondern benutzte die meisten im Verlauf des Tages auch korrekt, hatte sie also wirklich „gelernt". Was mich nun an der Geschichte so fasziniert:

1. Das Sprechen (als verbaler Ausdruck von Kommunikation) beginnt nicht mit Einwort-, sondern gleich mit Zwei- und Dreiwortkombinationen. Logisch: Wenn sie die Kombinationen vorher schon hatte, warum sollte sie die jetzt wieder einstellen.

2. Der sogenannte Wortschatzspurt, der zurzeit stattzufinden scheint, setzt gewöhnlich nach etwa 50 Wörtern ein und nicht zwei Monate nach dem Beginn des Sprechens. Allerdings hatte sie eben auch schon einen „Zeichenspurt" hinter sich. Auch logisch: Wenn praktisch die gesamte Kopfarbeit zur Kommunikation und zum Erwerb von Begriffen schon gelaufen ist, und endlich die Motorik mitspielt, ist jedes neue Wort im wahrsten Sinne des Wortes ein Kinderspiel.

3. Sie gleicht Wörter, die bei ihr ähnlich klingen oder die für sie ähnlich klingen über Handzeichen ab (WEISS, WEICH, HEISS). Logisch: Hat sie schließlich „nur" mit Zeichen auch schon getan.

In Sachen Babyzeichen gibt es immer wieder neue interessante Aspekte, die zu beobachten sich lohnen!

19–24 Monate: Wortlexikon und Sprachschatz wachsen

Dein Kind explodiert beim Wortschatzspurt. Experten nennen es Sprachexplosion, wenn die Kinder bis zum 2. Geburtstag bis zu 200 Wörter sprechen lernen. Aus Ein- werden Zweiwortsätze („Hund trinken", „Papa Arbeit") und pro Tag kommen bis zu 10 neue Wörter hinzu. Es ist so viel schon im Köpfchen drin, das Hirn rattert in einem ganz neuen Tempo, nur der Mund – das Nadelöhr für die Aussprache – kommt noch nicht so schnell hinterher, wie die Gedanken Purzelbäume schlagen und das Mitteilungsbedürfnis die kindliche Anspannung steigen lässt. Dass da die Aussprache für eine Weile mal undeutlicher und verwaschener werden kann, ist kein Grund zur Sorge. Bald ist die Zunge genauso flink wie die Rädchen im Kopf.

Dein Kleinkind besitzt nun ein ausgeprägtes Bewusstsein für sein eigenes Ich und spricht von sich selbst mit seinem Namen. Es möchte mehr und mehr alleine tun – z. B. aus dem Becher trinken oder mit dem Löffel essen. Außerdem wirst du merken, dass immer mehr Grammatik ins Sprechen kommt. Es ist nun wahrlich kein Baby mehr!

Ideen für spielerischen Sprachspaß

Quatsch machen
Dein Kind weiß nun schon gut Bescheid, wie die Welt funktioniert. Tanzt etwas aus der gewohnten Reihe, fällt es ihm natürlich auf – und es reagiert verwundert oder amüsiert. Letzteres kannst du durch Quatsch-Momente aufs Korn nehmen, indem du ganz einfach etwas völlig Ungewohntes tust oder Dinge kurzerhand zweckentfremdest. Über manchen Ulk kann sich dein Baby ausschütten vor Lachen, weil es schon weiß, wie es richtig geht: z. B. wenn du dir eine (frische) Windel als Mütze aufsetzt, seine Socken über deine Zehen ziehst, in den Gartenschlauch singst, unter der Gießkanne duschst, Schuhe an den Händen trägst, in ein Buch beißt, zum Haarekämen die Zahnbürste benutzt. Welcher Quatsch fällt dir noch ein?

Gib mir ein Zeichen

Auch wenn gesprochene Wörter nun vermehrt aus deinem Kind herauspurzeln, so wird es dennoch nicht immer zu verstehen sein. Ganz viele Dinge kennt es bereits, für die die Begriffe dennoch zu schwer auszusprechen sind. Bis die Lautsprache mit allen Konsonanten wirklich verständlich wird, braucht es noch Zeit. Da kommen die Babyzeichen ihm nach wie vor zu Hilfe z. B. für WASCHMASCHINE, KROKODIL, HUBSCHRAUBER, FLUSSPFERD und mehr. Außerdem erweitern Zeichen für den jetzigen Einbezug von Verben und Adjektiven in Minisätze sein Mitteilungsvermögen (z. B. „Wauwau" SCHLAFEN, „Hase" HÜPFEN, „Ball" GROSS, „Baby" TRAURIG). In diesem Alter beobachte ich oft, dass die Bewegung des Handzeichens das fehlende i-Tüpfelchen ist für den Sprung zum Wort. Meistert es das Zeichen, kann das Kind ganz kurz darauf oft auch das Wort sprechen – wenn auch noch nicht perfekt. Aber die Handbewegung befreit und befeuert es zugleich. Und ihr erspart euch beiden Situationen verzweifelten Deutens, wenn das Kind auf etwas zeigt, du nur ratlos schaust und alles aufgrund eines Missverständnisses eventuell in Weinen oder Toben endet.

So tun wie die Großen

Besonders interessant werden für dein Kind in diesem Alter Symbolspiele, bei denen man so tut als ob. Symbole einsetzen zu können ist dabei eine ganze wichtige Voraussetzung für das Verstehen und das Sprechen. Wörter sind nichts anderes als willkürliche Symbole. Als-ob-Spiele sind dabei reich an Kommunikationselementen und voll Fantasie. Einen Bauklotz wie ein Auto mit Brummgeräuschen über den Teppich zu manövrieren oder die Puppe zu füttern sind Symbolspiele genauso wie begeistertes Kuchenbacken und Verkosten im Sandkasten oder ein Picknick für die Teddybären. Dabei übt dein Kind nicht nur, Routinetätigkeiten unseres Alltages auszuführen, es lernt dabei gleichzeitig in allen Bereichen seiner Entwicklung. Symbolspiele bringen es enorm voran und animieren zum Selbstausdruck und Interagieren.

Actionbilder

Während jüngere Kinder Spaß daran haben, das die Eltern etwas Einfaches auf Papier, in feuchten Sand oder auf dem Tablet zeichnen und sie raten dürfen, was das ist (Stern, Käfer, Blatt, Baum, Sonne ...), kann man bei Kindern, die ins Zweiwortsatz-Stadium wechseln, auch die Bild- und damit die Sprachinhalte erhöhen. Selbst wenn man sein Gemälde erklären muss, so hört das Kind doch daran, wie Wörter (Substantive und Verben z. B.) miteinander kombiniert werden. Versuch dich also mal an Bildern, auf denen etwas passiert: Oma kocht, der Hase hüpft, das Schwein schläft, das Eichhörnchen klettert, das Baby lutscht am Nuckel, das Kind schleckt Eis, die Raupe knabbert am Blatt, Opa spielt Fußball, Mama gießt Blumen, ...

W-Fragen stellen

Wieso, weshalb, warum ... durch Fragenstellen und Antwortenfinden, erklärt sich uns die Welt. Komm ins Gespräch mit deinem kleinen Schatz, indem du ihm offene Fragen stellst, wenn ihr ein Buch lest. Offene Fragen beginnen meist mit „W" und lassen sich nicht nur kurz angebunden mit Ja oder Nein beantworten: „wer, wie, was, wohin, wann". Du sollst dein Kind aber nicht mit Fragen überhäufen oder gar sein Wissen testen. Nein, es geht darum, in einen Dialog zu kommen und es zum Nachdenken anzuregen. Gib ihm dazu genügend Reaktionszeit. Mit einfachen Fragen stelle ich zudem einen Bezug vom Inhalt des Buches und der Bilder her zu seinem eigenen Erleben. „Was macht der Hund?", „Wo schläft unser Hund gerne?", „Wo ist dein rotes Auto?" Es geht darum, entspannt Fragen fallen zu lassen, um im Gespräch zu bleiben, nicht um einen Fragemarathon.

SCHADET DIALEKT?

Eltern brauchen sich in ihrer Sprache nicht verstellen. Kinder die z. B. mit Bayerisch und Hochdeutsch aufwachsen, sind später ähnlich sprachbegabt, wie solche, die früh zwei oder mehr Sprachen lernen.

25–36 Monate: Reden ohne Punkt und Komma

Du hast jetzt sicher einen kleinen Wirbelwind zu Hause, der Treppen steigt, supergern klettert oder mit Bällen spielt und die Welt auf dem Dreirad unsicher macht. So ein süßer Dreikäsehoch stellt selbstbewusst Fragen nach allem und jedem, erzählt wie ein Wasserfall, was er erlebt, traut sich je nach Tagesform und Charakter auch Fremde anzusprechen und unterhält sein Umfeld. Ein Fernseher ist wirklich nicht nötig, wenn man einen kleinen dreijährigen Kommentator mit schon recht gutem Satzbau daheim hat.

Kinder beherrschen in diesem Alter die grundlegenden Grammatikregeln und verwenden gern „ich" und „du". Dein Sonnenschein ist auf der Etappe der gesprochenen Drei- und Vierwortsätze angekommen, die nun neben Substantiven auch Verben und Adjektive zieren, auch wenn deren Endungen oder Ableitungen noch etwas holpern, wie in „Ich habe die Terrasse gebest", statt „gekehrt".

Sein Wortschatz wächst dafür rapide weiter. Zwischen 300 und 1000 Wörter zählen zu seinem aktiven Repertoire. Damit ist es ein echter kleiner Gesprächspartner, auch wenn dieser manche Laute noch nicht ganz richtig aussprechen kann oder diese elegant weglässt (wie z. B. s, sch, r, f) oder schwierige Lautverbindungen kurzerhand vereinfacht (Glocke wird zu Gocke oder Locke).

Dass dein Kind nun mittendrin im Warum-Alter ist und viele Fragen hat (wer, wie, was …), hast du sicher schon bemerkt. Dass sein eigener kleiner Wille ein sehr starker ist, sicherlich auch. Aber es soll ja später auch zu einem willensstarken Erwachsenen werden, der Durchsetzungskraft mitbringt, um sein Leben zu meistern. Da müssen jetzt alle durch, wenn kleine Wutzipfel den Zwergenaufstand proben und Eltern als Übungspartner und Reibungsfläche herhalten müssen. Spätestens, wenn sie in die Schule kommen, ist es vorbei …

Ideen für spielerischen Sprachspaß

Es gibt was auf die Ohren

Zuhören üben ist für die Sprachentwicklung in jedem Alter sinnvoll. Jetzt bringt dein Kind schon die Aufmerksamkeit mit, kleinen Geschichten zuzuhören – egal ob als Vorlesegeschichte oder kurzes Hörspiel. Besonders witzig finden Kinder leichte Zungenbrecher wie z. B. „Die Katze tritt die Treppe krumm." Reime helfen ihnen nach wie vor bei der Schulung der phonemischen Bewusstheit, weil sie die kindliche Aufmerksamkeit auf einzelne Laute innerhalb eines Wortes lenken und so die Klangbildung von Lauten spielerisch erfahrbar machen. Beliebt ist auch:

Kommt ein Mäuschen, baut ein Häuschen
Kommt eine Mücke, baut eine Brücke.
Kommt ein Floh und der macht so! (an dieser Stelle ist durchkitzeln angesagt)

Auch Abzählreime passen gut wie: „Ich und du – Müllers Kuh" oder „Meine Mutter schneidet Speck".

Verteilte Rollen

Rollenspiele sind der Hit für alle 2- bis 3-Jährigen – und auch noch weit über dieses Alter hinaus. Es lohnt sich also, ein paar Requisiten dafür anzuschaffen oder selbst zu basteln: Ein gefüllter Kaufmannsladen lädt zu Beratungs- und Auswahlgesprächen ein; beim Arzt darf man jammern und wird geheilt (natürlich meist erst drangsaliert); beim Friseur wird gekämmt, gebürstet, gewaschen und geschnippelt; in der Puppenküche geschält, geschnitten und gerührt. Auch mit Kasperletheater und Handpuppen, denen du deine Stimme leihst, sind sprachlicher Vielfalt keine Grenzen gesetzt.

Groß, größer, am größten

Schon mit einem Jahr beginnen erste Vergleiche wie „groß" und „klein", die Kinder zu beschäftigen. Jetzt ein Jahr später sind sie schon ganz anders in der Welt der Größen und Mengen unterwegs. Herausforderungen für den kleinen Grips sind jetzt Zahlen und Gegenstände im Alltag zu zählen („Wie viele Teller stehen auf dem Tisch?", „Wie viele Brötchen liegen im Korb?"), Mengen zu vergleichen („Papa isst mehr Kartoffeln als Mama") und aufzuteilen („zwei für dich und zwei für mich"). Praktische und sprachlich begleitete Mathematik lässt sich für kleine Naturwissenschaftler auf vielfältige Weise erleben. Hier kommen ein paar Anregungen dazu, die sich gar nicht nach Mathe anfühlen:

- Walzermusik hören und dazu im Dreivierteltakt tanzen mit zählen („eins, zwei, drei – eins, zwei, drei").
- Größenvergleiche von Alltagsbegegnungen: kleiner Hund – großer Hund, kleine Tasche – große Tasche, kleine Schuhe – große Schuhe, kleine Schüssel – große Schüssel oder aber auch viele Brötchen – wenige Brötchen.
- Steigerungsformen nutzen wie: Du hast schon eine große Hand. Mamas Hand ist größer. Aber Papas Hand ist am größten. Geht auch mit klein – kleiner – am kleinsten und mit unregelmäßigen Formen, die Kinder häufiger hören und erfahren müssen: wenig Wasser – mehr Wasser – viel Wasser.
- Beim Aufräumen bringt es Abwechslung, wenn man die Kuscheltiere der Größe nach ins Regal setzt oder die Autos der Größe nach einparkt.
- Gern gezählt wird alles mit einem gewissen Anreiz dahinter: Bonbons, Sticker, Scheiben Käse, Perlen zum Auffädeln, Klemmen für die Haare, Kieselsteine zum Werfen in den See, Muscheln am Strand, Schlüssel am Schlüsselbund ...
- Auch aktiv lässt sich Mathewissen gut verinnerlichen: beim Kästchenhopsen, Treppensteigen – hoch und runter oder vorwärts und rückwärts – und bei jedem Start: „Eins, zwei, drei und los!"

Den Tag Revue passieren lassen

Jeden Tag gibt es eine Menge neuer Eindrücke zu verarbeiten. Darüber reden hilft – Kleinen und Großen. Versuche dabei nicht nur über die Dinge zu reden, die euch an diesem Tag begegnet sind (Tiere, Menschen, Spielzeuge ...), sondern bezieh in diesem Alter auch ein, wie sich dein Kind und du selbst dabei gefühlt haben. Die bewusste Auseinandersetzung mit uns selbst lässt uns Erlebnisse intensiver verarbeiten, tiefer abspeichern und deshalb später leichter erinnern. Gib deinem Kind die Chance dazu, indem du seine Gefühle und Empfindungen sprachlich auszudrücken und einzuordnen hilfst.

So kommen die Wörter aus dem Kind wieder heraus

Unsere menschliche Sprache macht die Gabe aus, Wörter nach bestimmten Regeln zu kombinieren. In all den obigen Etappen der Sprachaneignung lernt dein Kind die Grammatik unserer Sprache ganz nebenbei. Es durchforstet beim Zuhören alles, was es an Lautsprache aufsaugen kann, auf sich wiederholende Muster. Daraus leitet es die Regeln selbst ab und testet sie in der Anwendung. Unsere intuitive Art der Rückkopplung durch die korrigierende Wiederholung seiner Aussage und die Bestätigung des Inhaltes schieben es sanft auf den richtigen Weg. Dabei verinnerlicht dein Kind erst die typischen Laute und Lautkombinationen seiner Muttersprache, dann isoliert es ganze Wörter und später erkennt es, wie diese mit Grammatikregeln verknüpft sind und sinnvoll kombiniert werden. Ein Prozess, der bis ins Schulalter und zum Teil darüber hinaus andauert.

Die tragende Rolle im Spracherwerb spielt aber nicht, wie wir bereits gesehen haben, ausschließlich das, was an Sprachmasse auf das Kind einwirkt, sondern viel mehr die einfühlsame Beziehung zu unserem Kind, innerhalb derer es Kommunikation erlebt. Gerade das liebevolle Elternecho und der zugewandte Dialog sind die echten Magneten für dein Baby: erst für das Hinhören und Aufsaugen, dann, um sich selbst mitzuteilen und gehört zu werden von den wichtigen Menschen, die seine kleine Welt bestimmen. Die Beziehung ist der Motor, der dein Kind antreibt und ihm gleichzeitig Sicherheit vermittelt und Raum zum Entfalten im eigenen Tempo gibt.

Das Auf und Ab in der Gefühlswelt begleiten

Wenn dein Baby auf die Welt kommt, weiß es anfangs all die verschiedenen Gefühle wie Hunger, Angst, Freude, Glück, Schmerz noch gar nicht konkret zu deuten. Es lernt diese unterschiedlichen Empfindungen in seinen ersten Lebensjahren erst schrittweise kennen und einordnen. Dabei braucht es deine Hilfe. Als seine wichtigste Bezugsperson nimmst du die Signale deines Kindes wahr, deutest sie und erklärst sie ihm wie z. B. „Oh, da hast du dich eben erschreckt" oder „Da hat aber jemand Hunger!"

Von der Wichtigkeit, Gefühle wahrzunehmen

Indem du die Gefühle deines Babys versprachlichst und spiegelst, vermittelst du ihm auch ein Bild von sich selbst und seinem Innenleben. Nur so kann dein Kind verstehen lernen, was in seiner eigenen Psyche vor sich geht. Und es erfährt, dass es dafür Wörter gibt, und ist somit später selbst in der Lage, über seine Gefühle zu sprechen. Das hat leider nicht jeder gut gelernt. Manch einer spürt die Auswirkungen sein Leben lang.

Ein liebevoller Umgang mit Kindern war in unserer Gesellschaft leider lange Zeit nicht die Norm aufgrund der in den Köpfen mehrerer Generationen vorherrschenden Erziehungshaltung zu Gehorsam, Disziplin und Abhärtung, wie sie gerade auch im Nationalsozialismus als Ideal galt. Babys galten als Reflexwesen und schlechte Gefühle mussten grundsätzlich verdrängt werden. Auch heute tun sich einige Eltern noch schwer damit, ihre Kinder zärtlich zu trösten. Jegliche liebevolle

Zuwendung wird dann schnell als Verziehen und Verwöhnen abgestempelt und dem Säugling unterstellt, dass er uns ganz rasch an der Nase herumführt und bald mit System tyrannisieren wird.

Die Erziehungsprinzipien, die über viele Generationen gelebt wurden und deren Tenor für viele in frühester Kindheit zu einer Art innerer Stimme wurde, wie z. B. „Immer bist du so ungezogen!", „Indianer kennen keinen Schmerz!" oder „Stell dich bloß nicht so an!", bekommt man auch nicht so einfach wieder aus seinem Kopf, weil wir unbewusst immer wieder in gewohnte und anerzogene Verhaltens- und Denkmuster zurückverfallen. Dazu zählen auch das Erziehen durch Tadel, Strafe oder manipulatives Lob – Dressur eben – oder Schuldzuweisungen und Negieren von negativen Gefühlen.

Das verwirrend Verführerische daran ist leider nur, dass klare Regeln gleichzeitig auch Sicherheit vermitteln und es ja alle so gemacht haben. Heute sind wir eher unsicher darin, unseren eigenen, neuen Weg zu finden, wie Kinder liebevoll begleitet werden können. Deshalb ist ein Rückfall in Althergebrachtes manchmal kein Wunder. Es braucht Bewusstsein und Achtsamkeit, es besser zu machen und den eigenen Weg zu finden, der anerkennt, dass kindliche Gefühle und Bedürfnisse zu jedem Zeitpunkt Respekt, Achtung und unsere warmherzige Zuwendung verdienen.

Gib den Gefühlen einen Namen

Es ist also an dir, deinem Kind die Wörter für die breite Palette an Gefühlsausprägungen, die sein Innenleben in die eine oder andere Richtung in Wallung versetzen, an die Hand zu geben, damit es mit intensiven Gefühlen umzugehen und diese auszudrücken lernt. Ansonsten erlebt es im ungünstigsten Fall nur, es gibt gut und böse. Auf diese zwei Pole beschränkt sich häufig der sprachliche Umgang mit den Kleinsten. Dabei gibt es dazwischen tatsächlich doch ein ganzes buntes Universum an Gefühlsregungen zu entdecken. Und wenn wir Erwachsenen wollen, dass unsere Kinder später mal Konflikte mit Worten statt mit Fäusten regeln lernen, dann klappt das nur, wenn ihnen die Macht der Worte auch zur Verfügung steht. Sonst greifen sie in der Not auf Körpereinsatz zurück – die klassische Strategie aus Urmenschzeiten.

Den Grundstein für die Entwicklung einer differenzierten Gefühlswahrnehmung kannst du schon im Babyalter legen. Auch hier ist die Instanz der Spiegelneuronen Gold wert. Durch das Spiegeln von Gefühlen, indem du also sprachlich in Worte fasst, wie dein Baby sich gerade fühlt und ihm dies zurückmeldest, sammelt es erste Erfahrungen, welche Gefühle es gibt und wie diese heißen. So lernt es durch eigenes Erleben, wie sich Freude im Vergleich zu Übermut anfühlt, Angst sich von Mut unterscheidet, Eifersucht von Ärger, dass Wut und Enttäuschung nicht dasselbe sind und wie man bei sich, Mama oder anderen sieht, ob diese müde, traurig oder glücklich sind.

Ich sehe, was du fühlst

Beobachte dein Baby achtsam, was es signalisiert und fasse dies in Worte wie z.B. „Der Papa ist wieder da. Da freust du dich!" oder „Du ärgerst dich, weil du nicht an den Ball rankommst" oder „Bist du ganz aufgeregt, weil du gleich baden darfst?" Später kannst du kommentieren, was ihr bei anderen beobachtet: „Die Katze hat sich erschreckt und rennt ganz schnell weg! Das Moped ist so laut, da hat sie Angst bekommen."

Beschreibe wertfrei, was du bei deinem Kind wahrnimmst. Probiere, Gefühlsbeschreibungen als offene These oder Frage in den Raum zu stellen. So hat dein Kind, wenn es schon etwas größer ist, mehr Spielraum für den Selbstausdruck, für Zustimmung oder Ablehnung und Korrektur. Ein „Du wirkst heute traurig auf mich" lädt eher zu einer offenen Reaktion ein als eine vorschnell übergebügelte und dabei unumstößlich wirkende Feststellung wie: „Du willst wohl wieder nicht zur Tagesmutter gehen?"

Außerdem ist es angebracht, darauf zu achten, dass wir nicht unbeabsichtigt unsere eigenen Ängste oder Unsicherheiten dem Kind einimpfen. Kinder sind evolutionär aufs Kooperieren geeicht und nehmen unsere Gefühle schnell als die ihren an. Eltern, die auf den Erkundungsdrang ihrer Kinder immerzu mit dem Hinweis auf Gefahren reagieren und dabei ihre eigenen Ängste weitergeben, haben am Ende auch eher kleine Angsthasen am Rockzipfel hängen als Eltern, die ihre Kinder ermutigen und die Freude und Neugier beim Entdecken betonen.

Nimmst du dein Kind und seine Emotionen ernst, fühlt es sich angenommen. Es kann so leichter einordnen und sortieren, was es gerade fühlt. Schon mit 3–4 Monaten entwickelt das Baby die Fähigkeit, verschiedene Gefühle zu spüren und auch seine Bedürfnisse ein klein wenig aufzuschieben. Der nächste Schritt ist dann später die Erkenntnis, warum es sich so fühlt. Die braucht dein kleiner Schatz, um langfristig seine Gefühle und seine Reaktionen darauf regulieren zu lernen. Nur so kann es später die manchmal vor Freude hüpfende und manchmal vor Wut tosende eigene Innenwelt in eine Balance bringen. Bis es dies selber schafft, braucht es dich an seiner Seite als sprachliche Sortierhilfe.

Die Welt der Bücher entdecken

Gemeinsam die Welt der Bücher zu entdecken, ist wie ein Rundum-Förderprogramm mit garantiertem Spaßfaktor. Dieses Vergnügen solltet ihr euch nicht entgehen lassen, denn Bilder- und Kinderbücher sind quasi echte „Goldquellen" für den Wortschatz und für gemütliche Lernmomente. Sie regen zum Erzählen und Zeigen an, holen die bunte und vielfältige Welt von draußen ins Wohnzimmer und lassen dich mit deinem Kind ins Gespräch kommen.

In die Welt der Bücher eintauchen

Wenn du mit deinem Kind zusammen Bücher anschaust und später auch vorliest, förderst du ganz nebenbei die Sprachentwicklung, denn dein Nachwuchs erweitert beim Betrachten der Bilder auf unterhaltsame Weise seinen Wortschatz und wird beim Vorlesen in Sprache gebadet.

Auch die Gehirnentwicklung profitiert, weil die Verbindung von visuellen Reizen durch Bilder und die akustischen Reize der Erzählungen der Eltern dazu die Vernetzung beider Hirnhälften unterstützen. Kommen zusätzlich Babyzeichen durch das Kind ins Spiel, wenn es beschreibt, was es sieht, dann sorgt die motorische Komponente für weitere Synapsen und Lernerfahrungen.

Die Fantasie und das Abstraktionsvermögen werden angeregt, weil dein Kind beim Eintauchen in eine andere Welt viele neue Dinge kennenlernt, sich darüber Gedanken macht und beginnt, seine „Schubladen im Gehirn zu bestücken" und so gleichzeitig lernt, Informationen zu ordnen und zu verallgemeinern.

Nicht zuletzt wirkt sich das Vorlesen positiv auf die Eltern-Kind-Beziehung aus, weil man beim Vorlesen so schön gemütlich zusammen kuscheln kann und gemeinsam auf Entdeckungsreise geht. Solche innigen Momente machen Kinder stark und geben Geborgenheit und Selbstvertrauen. Nimm dir die Zeit dafür! Kinder genießen es unendlich, die ungeteilte Aufmerksamkeit eines Erwachsenen ganz für sich zu haben.

Geht denn vorlesen schon mit den Kleinsten?

Babys wollen nicht ewig stillsitzen, sondern lieben aktives Vorlesen, wo sie selbst mitmachen dürfen – auf etwas zeigen, hin und her blättern, mal hineinbeißen, dran herumkauen, selbst spannende Seiten heraussuchen, aber auch antworten und viel lachen. Besonders stolz sind Kinder, wenn die Eltern einfache Fragen stellen, die die Kleinen bereits durch Zeigen, Babyzeichen oder gar mit Wörtern richtig beantworten können. Das motiviert und bringt noch mehr Begeisterung ins Spiel.

Deshalb finden sie am meisten Gefallen an Büchern zu Themen aus ihrer kleinen Welt: Besonders beliebt sind Tiere, Dinge aus dem Alltag, Fahrzeuge oder Bilder von anderen kleinen Leuten. Wenn wir beim Vorlesen dann noch etwas Quatsch machen, unsere Stimme verstellen oder Geräusche produzieren (Tierlaute oder lustige wie „Bumm!", „Peng!", „Nanu?", „Hoppla!"), dann wird das Bücheranschauen zum Erlebnis.

Wie schaue ich mit einem Baby am besten Bücher an?

Es kommt auf den richtigen Moment an. Ist dein Kind gerade von Bewegungsfreude beseelt, spielt aktiv mit Freunden, ist abgetaucht in seine eigene Welt beim Spielen und Erforschen oder hat gar Heißhunger, dann braucht es erst einmal etwas anderes. Darauf solltest du Rücksicht nehmen.

Buch-Momente sind die stillen Zeitinseln im Alltag, die uns zur Ruhe kommen lassen und in denen dein Kind körperliche Nähe bei dir tanken kann. Gestalte deinen Ankerplatz zum Anlegen für Bucherlebnisse einladend und stimmungsvoll, dann landet das Kind früher oder später auch gern auf deinem Schoß. Sucht euch ein ruhiges Plätzchen, ohne dass Fernseher, Telefon oder Nachbarn stören. Kuschelt euch zusammen und setzt euch so, dass dein Kind sowohl ins Buch schauen als auch dich ansehen kann, um darüber mit dir ins Gespräch zu kommen oder deine Mimik und Mundbewegungen sehen zu können.

Lass dein Kind das Buch selbst auswählen. Kinderbücher sollten deshalb im Regal möglichst weit unten stehen, sodass dein Kind sie sich jederzeit selbst herausangeln kann. Macht ein schönes Ritual daraus: Jeden Tag zweimal ein festes Viertelstündchen zum Bücher anschauen ist ideal. Bei uns war Buchzeit meist einmal am Vormittag, wenn meine Kinder ausgeruht, satt und daher konzentriert und aufnahmefähig waren und einmal am Abend vorm Zubettgehen als Teil der Gute-Nacht-Routine. Und unterwegs haben uns natürlich Bücher stets begleitet – sei es als Buggybuch am Kinderwagen und Autositz, in einer Spielzeugtasche zum Zeitvertreib im Wartezimmer, in der Bahn oder im Restaurant.

Lass dein Baby das Tempo bestimmen und die Seiten selbst umblättern. Es darf ruhig auch Seiten überspringen, nicht jede Seite muss angeschaut werden. Dein Kind darf frei entscheiden, was ihm gefällt und es interessiert. Du darfst natürlich auch seine Neugier wecken.

Lass die Bilder lebendig werden

Stelle einen Bezug her zwischen den sichtbaren Bildern im Buch und den Dingen, die dein Baby bereits kennt. Zum Beispiel „Schau mal – da ist ein Hund im Buch! Der sieht ja so aus wie unser Hund!" oder „Das Baby hat einen Teddy. Hast du auch einen Teddy? Wo ist denn dein Teddy? Soll dein Teddy das Buch mit anschauen?" Wer gelangweilt vorliest, wird nicht lange ein williges Publikum haben. Dabei hören Kinder total gern zu. Abwechslungsreicher wird ein Buch oder später eine Geschichte, wenn man mit angepasster Stimme – also z. B. fröhlich oder ängstlich, laut oder leise, hoch piepsend oder tief brummend vorliest und immer mal wieder Blickkontakt herstellt und auf Bilder zeigt.

Am Anfang reichen für kleine Bücherwürmchen erst einmal reine Bilderbücher mit einfachen gegenständlichen Abbildungen. Später eignen sich kurze Reime zum ersten Vorlesen. Babys lieben alles, was ihnen vertraut ist. Deshalb lesen sie am liebsten die gleichen Bücher immer wieder. Wenn sie etwas wiedererkennen, dann freuen sie sich riesig. Also mach deinem Buchentdecker die Freude und sei auf viele Wiederholungen gefasst. Man muss die Kleinen gar nicht mit ständig neuem Lesestoff überfrachten.

Damit der Spaß erhalten bleibt: Widme dich nur so lange einem Buch, wie dein Baby aufmerksam und konzentriert bei der Sache ist. Je jünger das Kind, desto kürzer der Buchmoment. Wird es unruhig, dreht sich weg und zeigt so, dass es genug hat, möchte es lieber etwas anderes spielen oder braucht eine Verschnaufpause.

Welche Bücher eignen sich in welchem Alter?

Für Kinder unter einem Jahr

Schon wenige Monate alte Babys haben Freude an Stoffbüchern mit kontrastreichen Seiten. Weiche Fühlbücher mit unterschiedlichen Oberflächen, Knistereffekt und Materialien wecken die Sinne und werden hingebungsvoll belutscht und betastet. Da in diesem Alter alles gern mit dem Mund erforscht wird, solltest du stabile Pappbücher wählen, die Knabbern, Runterwerfen und häufiges Blättern gut aushalten. Besonders beliebt werden gegen Ende des ersten Lebensjahres auch Bücher mit Gucklöchern oder Knöpfen mit Soundeffekten. Generell sind einfache Abbildungen und wenig Text am besten geeignet.

Für Kinder zwischen 1 und 2 Jahren

Jetzt steigt die Entdeckerlust an bildlichen Details, die nun bewusster angeschaut und angesprochen werden. Gleichzeitig bringen die Kleinen eine größere Aufmerksamkeitsspanne mit. So wird es möglich, schon kurze Geschichten vorzulesen oder gemeinsam mit Babyzeichen und ersten Wörtern nachzuerzählen. Wichtig ist, dass du mit deinem Kind darüber sprichst, was es zu sehen gibt und es durch Fragen, aber ohne die Antwort vorwegzunehmen, aktiv mit einbeziehst. Auch hier ist Pappe als Buchmaterial noch zu bevorzugen.

Heinrich, 17 Monate alt, liest vor:

Der Bär SCHLÄFT.

Auf dem Nachttisch liegt die ZAHNBÜRSTE.

Da kommt die kleine MAUS und weckt ihn.

Auch der HASE kommt dazu.

Der MOND steht am Himmel.

Dann kommt der Weihnachtsmann mit den RENTIEREN.

*Auch das EICHHÖRNCHEN
ist gekommen ...*

und die MAUS.

Die Tiere bekommen Geschenke, der Hase eine MÖHRE, die Maus KÄSE.

Und dann sagen die Tiere TSCHÜSS ...

und alle haben etwas zu ESSEN.

Für Kinder zwischen 2 und 3 Jahren

So rasant wie der Wortschatz deines Kindes in diesem Alter wächst, so steigt auch seine Fähigkeit, mehrere Sachen gleichzeitig wahrzunehmen. Dies ist die Phase von „Warum-Fragen" und von Wimmelbüchern, in denen es unzählige Kleinigkeiten zu entdecken und zu kommentieren gibt. Auch Texte, die sich reimen, sind in diesem Alter äußerst beliebt. Wissbegierige Lesemäuse verfeinern nun gern ihr Kategorisieren und den Fachwortschatz durch Sachbücher zu bestimmten Themen. In gefühlsmäßig aufwühlenden Lebensphasen, wie z. B. dem Trotzalter oder bei Ankunft eines neuen Geschwisterchens, können Bücher dem Kind beim Verarbeiten helfen und ihm zeigen, wie sich die täglichen kleinen Lebensdramen und Probleme Dreijähriger lösen lassen. Kurze Gute-Nacht-Geschichten lassen den Tag entspannt und im Dialog miteinander ausklingen.

Wie du siehst, versprechen Bücher in jedem Alter seitenweise Spaß. Laut Stiftung Lesen (www.stiftunglesen.de), die sich in Deutschland mit der Lesestart-Kampagne für die Leseförderung starkmacht, ist Vorlesen eine der preiswertesten Investitionen in die Zukunft deines Kindes. Denn wer von klein auf Buchstaben und Wörter hört, kann sie später leichter lesen. Also ran ans Buch!

E-Books und elektronische Medien – ab wann?

Kleinkinder und elektronische Medien sind ein äußerst umstrittenes Thema, insbesondere deshalb, weil wir die langfristigen Auswirkungen auf die kleine Psyche und hinsichtlich der sozialen Entwicklung noch nicht abschätzen können. Es ist unbestritten, dass Babys und Kleinkinder ganzheitliche Erfahrungen brauchen, wie sie sie beim gemeinsamen Spielen, durch Bewegung drinnen und draußen oder beim Entdecken der Natur sammeln können. Sie brauchen die direkte Zuwendung von uns, indem wir mit ihnen sprechen und sie selbst über riechen, schmecken, fühlen, hören und sehen ihre Umwelt entdecken können in einer wechselnden Folge von Anspannung und

Entspannung. Eine zu frühe Mediennutzung lässt befürchten, dass die sinnlichen Erfahrungen im 3-D der realen Welt zugunsten von Elektronikspielzeit zu kurz kommen könnten.

Zudem wird oft gewarnt, dass die mediale Welt kleine Kinder überfordert, weil sie die Inhalte noch nicht verstehen und erfassen können. Schon Neugeborene sind allerdings im häuslichen Umfeld dem Einfluss von diversen elektronischen Medien ausgesetzt. Auch wenn bisher eine medienfreie Kindheit als Ideal galt, so zeigt die heutige Realität doch, dass Kinder von den ersten Lebenstagen an davon umgeben sind.

Immer auf Sendung und Empfang

Ein begleiteter und reflektierter Umgang mit elektronischen Medien ist daher für unsere Kinder besonders wichtig. Wie erreicht man den? Im ersten Schritt sollten wir Großen uns bewusst machen, wie oft wir selbst Medien nutzen: Die Mama stillt das Baby vorm Fernseher; das Radio läuft zum Frühstück; beim Spazierengehen ist der Wagenschieber am Telefon oder schaut aufs Display; Papa checkt mit Baby auf dem Arm abends noch rasch ein paar Mails oder sucht etwas im Internet; ältere Geschwister spielen am PC, der Spielekonsole oder auf dem Tablet; beim Arzt gibt es Wartezimmer-TV und im Supermarkt Musikbeschallung ... und das Baby ist immer mittendrin und voll dabei.

Diese elektronischen Dinger scheinen aus Sicht des Babys eine Menge Aufmerksamkeit von allen anderen Menschen herum zu verdienen, und das macht sie noch mal interessanter, als sie aufgrund ihrer Geräusche, Lichteffekte, Farben ohnehin schon sind. Dieser Reizüberflutung, die von digitalen Medien ausgehen kann, können sich die Kleinsten noch nicht entziehen. Sie können ihrer Überforderung nur durch Weinen oder Schreien Ausdruck verleihen.

Kritische Stimmen äußern sich daher zu Recht mit Sorge: Schaffen die Eltern es dann, sich loszureißen und sensibel auf die Signale des Säuglings einzugehen? Wer bekommt am Ende mehr Aufmerksamkeit – der kleine Windelheld oder das sich fortlaufend meldende Handy? Welche Verhaltensweisen des Kindes fördert dieses Aufmerksamkeitsdilemma im Laufe der Zeit?

Neugeborene brauchen nur dich

In den ersten 6 Monaten sind Medien für Neugeborene in erster Linie Reizquellen, die sie zwar wahrnehmen aufgrund der damit verbundenen aufmerksamkeitserheischenden Effekte, die sie aber noch nicht einordnen und auf die sie noch nicht reagieren können. In diesem Alter fehlt den Mäusen auch noch das Verständnis für die Bildhaftigkeit, sodass sie das, was sie sehen nicht in einen Kontext einordnen können. Natürlich beobachten sie, wie andere Menschen damit umgehen und greifen nach Telefonen und Geräten, weil sie sie als Objekte wahrnehmen. Eltern sollten die noch recht kurze Aufmerksamkeitsspanne ihrer Kleinen beachten, um sie vor Überforderung und Überreizung zu schützen.

Sind die Kinder zwischen 6 und 12 Monaten, machen sie erste Nachahmungsversuche mit noch nicht zielgerichteten Tipp- und Wischbewegungen auf Displays oder Tastaturen, so wie sie es bei den Großen beobachtet haben. Durch gezieltes Greifen oder Wegschieben zeigen sie Interesse oder Desinteresse an den Geräten, die für sie wie Spielzeuge sind. In diesem Alter können sie damit noch nicht alleine umgehen, weil sie sowohl feinmotorisch als auch verarbeitungsmäßig noch nicht die nötige Reife haben. Auch jetzt verstehen sie die Bildhaftigkeit der Inhalte noch nicht und versuchen eher die Gegenstände durch Greifbewegungen aus dem Display herauszuholen. Rasche Überforderung ist nach wie vor das Thema. Eltern sollten deshalb achtsam sein und z. B. das gemeinsame Betrachten von Fotos auf elektronischen Geräten auf kurze Zeit beschränken.

Vom neugierigen Einjährigen zum zweijährigen Knöpfchendrücker

Einjährige Kinder beginnen langsam, einfache Bilder auf Bildschirmen zu verstehen, wenn die abgebildeten Gegenstände einen Bezug zu ihrem kindlichen Alltag haben. Schaut man Bilder mit dem Kind gemeinsam an, sollten Erwachsene die Aufmerksamkeit der Kleinen sanft lenken, Erklärungen zu den Bildern abgeben und sie mit der Erfahrungswelt des Kindes verknüpfen. Jetzt kann das Kleinkind motorisch sicher zielgerichtete Touch- und Wischbewegungen ausführen, sollte aber dennoch nur unter Aufsicht und mit Begleitung Medien erkunden dürfen. Elektronische Babysitter, mit denen Kleinstkinder sich selbst überlassen oder ruhiggestellt werden sollen, schaden ihrer Entwicklung.

Zwischen dem ersten und zweiten Geburtstag sind Babys große Fans von Musik, einfachen Geschichten und Bilderbüchern. Letztere können auch als Bilderbuch-App gemeinsam betrachtet und vorgelesen werden. Hierbei kann das Kind das Tempo mitbestimmen, was beim Fernsehen nicht der Fall ist. Die schnelle Abfolge wechselnder Bilder kann es so jung noch nicht verarbeiten. Studien haben belegt, dass sich TV-Konsum in diesem Alter eher negativ auswirkt – insbesondere, wenn er länger als 20 Minuten dauert, und sich in Schlafstörungen äußert sowie die sprachliche und emotionale Entwicklung beeinträchtigt. Kinderärzte sehen in der Zunahme von Konzentrationsschwäche, Schlafstörungen und motorischer Unruhe die klassischen Symptome von zu viel Medienkonsum.

Kinder über zwei Jahre begeistern sich fürs Anschauen von Fotos und kurzen Videos auf mobilen Geräten und können Letztere nun auch schon, wenn sie einfache Inhalte haben, verstehen und selbst über Wiedergabetasten starten. Eltern sollten diese Erfahrungen sprachlich begleiten und weiterhin Bezüge zur realen Erlebniswelt der Kleinen herstellen. Kinder in diesem Alter nehmen sich mediale Technik immer zielgerichteter vor und interessieren sich für jegliches Ausprobieren – seien es simple Spiele oder selber Fotos zu schießen. Nur ihre Aufmerksamkeit ist noch auf eher kurze Technikflirts begrenzt. Viel lieber spielen sie dann aktiv zur Verarbeitung in Fantasie- und Rollenspielen mit dir zusammen ihre eigenen „Bob der Baumeister"- oder „Anna & Elsa"-Abenteuer nach.

Umgang mit den medialen Versuchungen

Die Entscheidung ist nicht, dein Kind bekommt das Tablet *oder* dich, sondern wenn, dann nur das Tablet *und* dich. Es braucht deine Hilfe und Begleitung, weil es Symbole noch nicht entschlüsseln kann, Rückversicherungsfragen hat, Erklärungen braucht und es selbst noch nicht zwischen Realität und Vorstellung unterscheiden kann.

Wähle bewusst aus: Besser ein wenig Klasse, als zu viel Masse – denn ein paar wirklich gut gestaltete Angebote für das entsprechende Alter kommen dem Drang deines Babys nach steter Wiederholung entgegen. Setze daher auf bewährte Klassiker und schaut diese öfter zusammen an. Babys brauchen Zeit und Wiederholungen, um alles zu erfassen und zu begreifen. Und sie entdecken auch beim hundertsten Anschauen noch etwas Neues.

Keine Erpressungsversuche: Die Erlaubnis oder der Entzug von Medienzeit sollte nicht als Mittel der Belohnung oder Bestrafung eingesetzt werden. Mit kleinen Kindern sollte genau auf zeitlich begrenzte Nutzung und altersgerechte Inhalte geachtet werden. Überreizung und Überforderung verhindern am Ende auch für dich ruhigen Nachtschlaf, wenn dein Baby Mühe mit dem Verarbeiten hat.

Fass dich an die eigene Nase: Mache dir mal ehrlich dein eigenes Medienverhalten bewusst. Jetzt im neuen Eltern-Universum bist du zu jeder Zeit ein Vorbild. Und du darfst entschleunigen. Also gönnt euch mehr multitaskingfreie Offline-Zeit.

TIPP: HEUTIGER LUXUS – OFFLINE-ZEIT

Smartphone & Co. kommen mit ihrer Zweidimensionalität nicht an echte Erlebnisse heran. Trefft euch mit lieben kleinen und großen Menschen. Nähere dich dem staunenden, langsamen Entdeckertempo deines Kindes an. Betätigt euch gemeinsam als Naturforscher, Musiker, Sportler oder Spielplatztester. Erlebt die Gaudi, in Pfützen zu springen, den einmaligen Duft von Waldluft zu schnuppern, den Glückshormonkick beim Tanzen und Singen oder die Begeisterung für einen selbst gebackenen Sandkasten-Kuchen.

Gönnt euch mehr vom „real life"! Das ist der eigentliche Luxus unserer Tage, und mit Kindern haben wir dafür immer den passenden Anlass. Wir müssen nur die Augen aufmachen, statt auf Bildschirme zu starren!

Mit Musik geht alles leichter

Profimusiker behaupten gern, dass Musik die Synapsen ölt. Manche von ihnen meinen sogar, dass eine frühe musikalische Ausbildung dazu führt, dass man später besser Vokabeln lernen kann. Nun geht es uns mit kleinen Babys natürlich längst nicht ums frühe Triezen, sondern um genüssliches und lustvolles Entdecken. Lernen soll und muss den Kleinen schließlich Spaß machen. Kinder lieben ohnehin alles Musikalische. Es regt ihre Bewegungsfreude an und kann einen jeden von uns entspannen. Deshalb wollen wir in diesem Abschnitt noch unter die Lupe nehmen, welchen Einfluss Musik eigentlich auf die Lernerfahrungen deines Babys und die Sprache hat.

Beschwingtes Lernen

Studien belegen, dass Kinder, die früh mit Musik in Berührung kommen, nicht nur eine höhere Intelligenz und mehr Kreativität im Denken entwickeln, sondern sich auch ausgeglichener verhalten, kommunikativer und sozialer sind. Jedes Kind wird mit einem musikalischen Grundpotenzial geboren. Dabei ist Musikalität unsere Fähigkeit, von Musik berührt zu werden und auf alles, was um einen herum klingt, zu reagieren. Kinder sind ungemein offen und bereit, diese abwechslungsreiche Welt des Klanges in sich aufzunehmen.

Musik fordert das Gehirn in selten komplexer Weise heraus, weil beim Musizieren Hören und Sehen, Fühlen und Tasten, Bewegung und Koordination, Imagination und Kreativität intensiv miteinander verbunden sind. Für dein Kind und mit ihm zu singen, mit Instrumenten zu spielen und zu tanzen, ist daher ohne Zweifel mit das Beste, was du ihm bieten kannst. Musik schult sein ganzes Gehirn. Das Hören ist daran beteiligt und die Motorik, wenn wir z. B. im Takt wippen. Dazu kommen die emotionalen Zentren und die, die für das Abspeichern von Erinnerungen zuständig sind. Jede Musikeinlage hinterlässt so mannigfaltige Spuren und Eindrücke an mehreren Ecken und Enden im Gehirn deines Kindes.

So bringst du Musik in den Babyalltag

Dass Kinder von Natur aus ein sicheres Rhythmusgefühl haben, ist dir bestimmt bereits bewusst, denn den Herzschlag der Mutter haben sie über Monate hinweg miterlebt. Ebenso, dass sie die Stimmen und natürlich auch die Lieblingslieder ihrer Eltern bereits kennen, bevor sie das erste Mal ihre Gesichter sehen. Mit welchen Impulsen du ganz spielerisch eure gemeinsamen musikalischen „Spaziergänge" im Babyalltag begleiten kannst, zeigen dir die folgenden Anregungen.

Babys erste Rhythmuserfahrungen
Wenn Musik ertönt, geht die Post ab – alle beginnen intuitiv, sich zu bewegen: Babys strampeln begeistert, wir schaukeln sie im Takt hin und her, größere Mäuse drehen sich entzückt im Kreis oder klatschen schon im Takt. Den Takt zu klatschen, erleichtert Kindern das Erkennen von Silben in der Sprache und wird auch in der Grundschule noch

eingesetzt. Probiere doch auch einmal andere rhythmische Alternativen zu dem uns besonders vertrauten Dreier- und Vierertakt. Die bietet z. B. die Weltmusik aus anderen Kulturen (Afrika, Asien, Südamerika ...). Sie trägt nicht nur dazu bei, den musikalischen Horizont zu erweitern, sondern fordert in der ihr eigenen Lebendigkeit ganz besonders zu Bewegung und Tanz auf – da reißt es jeden vom Hocker.

Let's dance

Wenn ihr dann schon steht, geht es tänzerisch weiter. Mittanzen zu dürfen auf Mamas oder Papas Arm, ist für dein Baby eine tolle Ganzkörpererfahrung, denn der Rhythmus – des Liedes oder mitgesungenen Textes – überträgt sich unmittelbar auf seinen Körper. Ihn so zu erspüren, macht Kindern ungemein Spaß. Und nicht nur das: So finden sie auch leichter zum Rhythmus der Sprache. Wenn dann noch interessante Requisiten hinzukommen, wie bunte Tücher oder ein Teddybär, die im Takt hin und her geschwenkt werden, dann könnte dies für kleine Tanzmäuse ewig so weitergehen.

„Leise zieht durch mein Gemüt"

Melodien vermitteln uns Stimmungen und wecken dabei Gefühle und Empfindungen in uns. Gerade kleine Kinder sind dafür sehr empfänglich. Ob es immer nur Stücke in einem fröhlichen Dur oder zur Abwechslung auch mal etwas in Moll ist, entscheidet ihr ganz nach Laune. Abwechslung ist beim Lernen das Salz in der Suppe. Indem du einfach selbst singst, machst du jedes Lied zum Liebeslied für dein Kind. Deine Stimme – egal wie schief sie klingen mag – ist Babys Lieblingssound. Hohe Töne und Frequenzen können Säuglingsohren übrigens viel besser wahrnehmen als tiefe Töne. Aber am Ende ist das Wichtigste – egal ob du nun hoch oder tief singst, summst oder brummst – du singst live.

Küchenmusik

Wie bereits erwähnt, bietet sich die Küche als ideale Konzertbühne für dein Baby an. Kreative Instrumente sind zuhauf vorhanden: Töpfe, Pfannen, Löffel, Quirl, Plastikflaschen die, gut verschlossen, mit Reis oder Nudeln gefüllt sind und herrlich rasseln. So kannst du das Notwendige mit dem Schönen verbinden. Wenn du keine Hand frei hast, musst du eben die Gesangseinlage beisteuern und dein Baby gibt als kleiner Dirigent den Takt vor. Und nicht zu vergessen die Tanzeinlagen vorm Herd und um den Küchentisch.

Rituale: Der Rhythmus, bei dem man mit muss

Beginnst du zu singen, fesselst du im Handumdrehen die Aufmerksamkeit deines Babys. Große Kulleraugen staunen dich dann an – ein magischer Moment, zu sehen, wie ein Lied seine Wirkung entfaltet. Nutze deshalb Lieder, gesungene Kniereiter oder mit Melodien unterlegte Fingerspiele in euren täglichen Ritualen. Sie werden dir das Leben erleichtern. Das kann ein Kitzelvers auf dem Wickeltisch sein, „Wir haben Hunger, Hunger, Hunger ...“ vor dem Essen oder das ganz klassische Schlaflied in eurem Gute-Nacht-Ritual. Dass mit Musik alles leichter geht und sie zudem noch viel gute Laune versprüht, können unzählige Eltern bestätigen.

TIPP: LEICHTER GEHT'S MIT EINEM LIED

Gesprochene Wörter dringen bei Weitem nicht so gut zum Kind durch, wie in einen Singsang verpackte Aufforderungen und Ansagen z. B., wenn Zeit zum Aufräumen ist – lege dir dafür unbedingt ein Lied zu! Auch andere herausfordernde Klippen im Kleinkindalltag können mit einem Lied auf den Lippen elegant umschifft werden, z. B. dann, wenn dein Mäusebär im morgendlichen Stress so gar keine Lust zum Anziehen hat und sich dagegen sträubt. Mit „Jetzt zieht Hampelmann ... seine Hosen an" geht dies jedoch plötzlich wie von allein. Ein Lied schafft es oft überzeugender und vor allem fröhlich zum Mitmachen zu animieren als genervte Eltern.

Für viele knifflige Situationen gibt es eine passende musikalische Untermalung – sei es eine liebevolle Streicheleinheit für Seele und Ohren wie „Heile, heile Segen", die Schmerzen rasch wegpustet, oder ein willkommener Zeitvertreib und eine gute Ablenkung auf sich hinziehenden Autofahrten, gegebenenfalls mit CD-Unterstützung. Es gibt viele Gründe, deinen Familienalltag mit Liedern, Rhythmen und Melodien zu bereichern.

IN WERTSCHÄTZENDER VERBINDUNG SEIN VON ANFANG AN

Damit dein Kind sich emotional, sozial, geistig und motorisch gesund entwickeln kann, braucht es eine sichere Bindung zu seinen wichtigsten Bezugspersonen – in der Regel an dich als Mama oder Papa.

Das besondere Band zwischen zwei Menschen

Das emotionale Band zwischen zwei Menschen ist keine gegebene Fähigkeit oder Eigenschaft. Bindung entwickelt sich vielmehr aus der Interaktion zwischen euch beiden. Eltern unterstützen den Prozess der Bindung an ihr Kind durch fürsorgliche Zuwendung. Das Kind selbst erfährt dadurch Sicherheit, Trost und Geborgenheit und seine Eltern als sicheren Hafen. Bindung ist bei deinem Kind vor allem geprägt durch die Gewissheit, wohlwollend von dir umsorgt und respektiert zu werden. Dein Kind kann darauf vertrauen, dass es sich erfolgreich verständlich machen kann, mit dem, was es braucht. Es erlebt, dass du auf seine Signale und Bedürfnisse für Zuwendung und Kontakt, Nahrung oder Ruhe verlässlich eingehst. Dabei wächst sein Urvertrauen, das seiner Persönlichkeit zeitlebens eine stabile Basis gibt.

Diese Bindung an dich als seine Bezugsperson sichert nicht nur sein physisches, sondern grundlegend auch sein psychisches Überleben. Eine sichere Bindung ist für dein Kind daher gleich wichtig wie Nahrung oder Luft zum Atmen. Sind die Bindungsbedürfnisse bei kleinen Kindern nicht erfüllt, erleben diese eine enorme Stresssituation, die von Verlassenheit über Bedrohung bis hin zu Todesängsten reichen kann.

Langfristige Wirkungen einer sicheren Bindung

Unsere psychische Gesundheit und ein positives Lebensgefühl werden maßgeblich von einer stabilen, sicheren Bindung geprägt. Die frühen Bindungserfahrungen beeinflussen uns dabei nicht nur in der Kleinkindphase, sondern haben Auswirkungen auf unser gesamtes Leben. Sie prägen unsere Erwartungen an spätere Beziehungen und bestimmen unser Verhalten gegenüber Partnern auch im Erwachsenenleben noch.

EINE SICHERE BINDUNG BEWIRKT, DASS DEIN KIND:

- Gefühle offener ausdrücken kann
- eine bessere Gefühlsregulation entwickelt
- sein eigenes Einfühlungsvermögen verbessert
- konstruktive Lösungen für Konflikte findet
- leichter Freundschaften schließt
- sich sicherer fühlt und so entspannt seine Umwelt entdecken kann
- leichter lernt aufgrund der Auswirkungen auf seine Gedächtnisleistungen und seine Sprachentwicklung
- ein positives Rollenvorbild erlebt hat, das auch sein Bindungsverhalten gegenüber eigenem Nachwuchs später beeinflusst

Aus der Kleinkindforschung der letzten Jahrzehnte wissen wir: Wenn wir unseren Kindern Selbstvertrauen, Geborgenheit, Mut und Stärke fürs Leben mit auf ihren Weg geben wollen, ist die Erziehung, die zu diesen Eigenschaften führt, mehr als alles andere in erster Linie eine „Beziehung".

Das Bedürfnis deines Kindes nach Bindung und sein Bedürfnis zur Erkundung seiner Umwelt stehen dabei in engem Zusammenhang und werden abwechselnd aktiviert. Dein kleines Kind kann nur dann mit Entdecker- und Forscherdrang in seine Umgebung starten, wenn sein Bindungsbedürfnis befriedigt ist. Sonst kann es sich aus Trennungsangst und Unsicherheit nicht auf das Spielen und Sammeln neuer Erfahrungen einlassen. Für kleine Windelhelden war für das Überleben von jeher die Bindung wichtiger als ihr Erkundungsbedürfnis.

Und auch für alle Lernprozesse und Lernsituationen gilt dies analog: Bindung kommt vor Bildung. Dein Kind kann nur dann aufmerksam lernen und sich auf etwas konzentrieren, wenn es keine Angst hat, verlassen zu werden. Sonst braucht es zuerst die Zuwendung seiner Bezugsperson durch beruhigenden Körperkontakt und die emotionale Rückversicherung, dass diese als sicherer Rückzugsort in unmittelbarer Nähe noch vorhanden ist. Bindungssicherheit ist deshalb in jedem Alter die wichtigste Voraussetzung für erfolgreiches Lernen.

Wie entsteht eine sichere Bindung?

Entscheidend ist die Feinfühligkeit der Bezugspersonen. Damit ist deine elterliche Fähigkeit gemeint, die Signale, mit denen dein Kind sich mitteilen will, zunächst erst einmal zu bemerken, sie dann richtig zu deuten und schließlich prompt und angemessen darauf zu reagieren. Feinfühligkeit ist also etwas, das in der Kommunikation zwischen dir und deinem Kind stattfindet, und zwar im Idealfall in jedem gegenseitigen Kontakt, den ihr habt.

Nur ist das in der Realität leider leichter gesagt als getan. Das gewünschteste Wunschkind aller Zeiten wird erfahrungsgemäß auch bei euch nicht jeden Tag nur süß und niedlich lächeln, sondern jede Familie erlebt auch Zeiten und Momente, die uns ganz schön an die eigenen Grenzen bringen können, z. B. wenn das Baby aus voller Kehle schreit und lange Zeit kaum zu trösten ist. Die Frage: „Was hat es bloß?" begleitet die meisten Eltern in Variationen für die nächsten Jahre.

Glücklicherweise seid ihr als Eltern aber grundsätzlich mit allen Fähigkeiten ausgestattet, um die Lösung des Babyrätsels zu finden. Ihr beobachtet euer Kleines aufmerksam und geduldig. Manch einer lernt die Dunstan-Babysprache, um die Laute und Körperaktionen seines Neugeborenen zu unterscheiden und zu deuten. Später nutzen andere die Babyzeichen, um Missverständnisse möglichst früh auszuräumen. Glücklicherweise sind auch bindungsschädliche Erziehungsmaßnahmen wie das berühmte „Schreienlassen" allmählich auf dem Rückzug. Körperkontakt als spürbare Nähe und Getragenwerden sorgen dafür, dass euer Kleines sich bald beruhigt. Und so sorgt ihr als Eltern in der Regel schnell dafür, dass euer Kind wieder zur Ausgeglichenheit zurückfinden kann.

Dennoch solltest du wissen, dass Säuglinge immer eine Bindungsperson brauchen, um ihre Gefühle und ihren Stress zu regulieren. Sie können sich noch nicht selbst beruhigen. Eine eigene Stressregulation kann dein Kind dann schrittweise mit dir zusammen erlernen, wenn du ihm dabei durch feinfühligen Körper- und Blickkontakt, durch liebevolle Berührung und verständnisvolle Worte hilfst. So schenkst du ihm gleichzeitig auch emotionale Sicherheit.

Richtig trösten

Trost und Verständnis brauchen Kleinkinder besonders in Situationen, in denen es ihnen nicht gut geht. Ansagen wie „Nichts passiert!", „Ist doch nicht so schlimm!", „Reiß dich mal zusammen!", „Brauchst doch nicht gleich weinen" sind für sie wenig hilfreich, wenn ihnen vor Schreck das Herz bis zum Hals klopft und der Schmerz wie wild pocht. Ihr stark aktiviertes Bindungsbedürfnis ruft innerlich laut nach Schutz, Trost und nach Körperkontakt. Hier fehlt deinem Kind noch die Fähigkeit, sich selbst zu regulieren. Selbstregulation erlernen sie, indem sie durch uns tröstende Rituale erfahren dürfen, in den Arm genommen werden und ihre kleineren oder größeren Blessuren mitfühlend versorgt werden. Diese Erfahrungen geben ihnen Bindungssicherheit und ermöglichen ihnen, sich langsam wieder zu beruhigen.

Gerade durch liebevolle Berührungen beruhigen wir uns rascher, weil diese in unserem Körper die Stresshormone abbauen helfen. Sanftes Streicheln und allein schon ein liebevoller Blickkontakt stimulieren unsere Cortisolrezeptoren im Gehirn. Und die pusten den Stress weg. Fehlt diese Form der Zuwendung bilden Kinder auch weniger solcher Rezeptoren aus und können sich deshalb auch viel schwerer wieder beruhigen.

Lernen unsere Kleinen jedoch in stressvollen Augenblicken, dass ihre Bindungssignale nicht mit Schutz und Trost, sondern mit Zurückweisung, Ignorieren, Lächerlichmachen oder gar Anklage und Schuldzuweisungen beantwortet werden, verinnerlichen sie, dass es für den Erhalt der Beziehung zu den Eltern notwendig ist, keine Signale der Suche nach Nähe und Schutz oder eben keinen Schmerz zu zeigen. Kinder verhalten sich immer so, wie sie von uns gelernt haben, sich zu verhalten.

Dennoch entspricht diese äußere Reaktion des Kindes nicht seinem inneren physiologischen Erregungszustand und seinem akuten Stressempfinden. Sie brauchen einen Kanal, um den Stress rauszulassen. So suchen sich ihre Emotionen einen anderen Weg an die Oberfläche und äußern sich bei den betroffenen Kindern dann vermehrt in Schlafstörungen, Kopf- und Bauchweh, Übelkeit und Erbrechen, weil sie den vorhandenen Stress natürlich stets körperlich spüren. Er lässt sich nicht einfach wegreden oder ignorieren.

Trösten ist also unzweifelhaft wichtig. Wir zeigen unserem Kind damit, dass wir da sind und seine Gefühle wahrnehmen. So spürt es die Botschaft: „Ich sehe deinen Schmerz. Ich bin für dich da. Es wird wieder gut." Je besonnener wir mit der Situation umgehen, desto mehr Kraft und Zuversicht, diese zu bewältigen, vermitteln wir auch dem Kind – als sein Fels in der Brandung eben. Schließlich ist weder ängstliches Überreagieren noch zu barsche Abweisung hilfreich. Stattdessen ist auch da Empathie gefragt, dass wir uns sensibel ins Erleben des Kindes hineinversetzen und ihm nicht unsere Interpretation der Dinge aufzwängen.

Feinfühlig zu sein erfordert nicht, stets perfekt zu sein

Doch Feinfühligkeit von Eltern ist im Alltag ziemlich störanfällig. Mehr oder weniger gut gemeinte Ratschläge aus der Familie, Nachbarschaft und Fachwelt bekommt man ungefragt zuhauf. Am meisten verunsichern uns wohl vergleichende oder vermeintlich erzieherische Kommentare von außen wie z. B. „Schläft sie immer noch nicht durch?", „Der hat euch ja voll im Griff!", „Kinder in dem Alter sollten das können", „Wie lange willst du sie denn noch stillen?", usw. In Zeiten von akutem Schlafmangel, permanentem Zeitdruck, eigener Sorgen, klingelnden Handys, drängenden Wäschebergen und so vielem mehr, was junge Mamas und Papas verunsichert, ablenkt oder eben gleichzeitig Aufmerksamkeit fordert, kann kein Mensch rund um die Uhr und tagtäglich feinfühlig und ansprechbar sein.

Die gute Nachricht: muss man auch nicht. Es geht glücklicherweise bei Feinfühligkeit nicht darum, stets perfekt zu sein. Sondern es reicht lediglich ein „genügend gut". Denn Perfektionismus und Ehrgeiz können dich sogar recht erfolgreich in deiner gewollten feinfühligen Aufmerksamkeit ablenken. Es geht vielmehr darum, sich gelassen aber mit Bewusstsein auf den bindungsstärkenden Weg zu machen, sich immer wieder an die Wunschvorstellung der eigenen Beziehungshaltung zu erinnern und immer wieder aufs Neue Momente dieser vollen, entspannt zugewandten Aufmerksamkeit zu schaffen, die sich so hilfreich für dein Baby auswirken.

So schlagt ihr auch dem viel zitierten Förderwahn ein Schnippchen und benötigt kein Bücherregal voller Elternratgeber, weil du da bist und dein Kind siehst, mit dem, was es ist und was es kann, was es wovon in welchem Augenblick braucht. Mit dieser Fähigkeit zum sensiblen Einfühlen unterstützt du die Entwicklung deines Babys in vollem Umfang ohne es zu über- oder unterfordern.

Achtsamkeit im Alltag

Feinfühlig kannst du in erster Linie dann auf dein Kind eingehen, wenn du selbst nicht abgelenkt, im Stress oder voll Sorgen bist. Es geht darum, im Alltag im einzelnen Augenblick präsent und bei deinem Kind zu sein und daraus feinfühlig zu handeln, indem du offen und aufmerksam und ohne Urteil oder Bewertung wohlwollend wahrnimmst, was in diesem Moment geschieht.

Feinfühligkeit zeichnet sich dadurch aus, dass wir den Augenblick wahrnehmen, die Situation richtig interpretieren und dann angemessen darauf reagieren. Kommt bei diesen drei Schritten nun noch die Achtsamkeit jeweils zeitgleich ins Spiel, so wird deine Wahrnehmung des Augenblickes an Tiefe gewinnen, wenn du innehältst und in diesem Moment nicht nur aufmerksam hinschaust, sondern dies mit den

Augen deines Kindes tust. So bist du nah dran, wie dein Baby die Situation erlebt. Damit bietet sich dir am Ende nicht nur ein umfassenderer Reaktionsrahmen, sondern du erkennst gleichzeitig auch dein Kind als eigenständige Person mit unabhängigen Bedürfnissen an. Dies versetzt dich in die Lage, eure manchmal auch unterschiedlichen Bedürfnisse abzuwägen, einen Weg zu finden, diese zu erfüllen und dabei einfühlsam und besonnen vorzugehen.

Sichere Bindungen durch Achtsamkeit erleichtern

Mit je mehr Achtsamkeit du es schaffst, durch den Alltag zu gehen, indem du immer wieder versuchst, innezuhalten, zu entschleunigen und dein Kind mit offenen Augen besser und empathischer wahrzunehmen, desto reflektierter handelst du auch und bist weder übergriffig, vorwegnehmend oder drückst vorschnell deinem Kind oder der Situation deinen Stempel auf. In der Grundhaltung der Achtsamkeit bringst du mehr Verständnis für dein Kind auf und kannst klarer wahrnehmen, wie es wirklich ist und was es beschäftigt.

Dadurch kommt ihr in einen tieferen Kontakt miteinander, und du schenkst sowohl den Motivationen als auch Bedürfnissen deines Kindes mehr Bedeutung. So wird dir auch deutlicher, wo seine momentane Entwicklungsbaustelle liegt und welche neuen Fähigkeiten es heute versucht, zu verfeinern. Entsprechend kannst du deine Angebote auf seine momentanen Interessen und Bedürfnisse abstimmen und für eine vorbereitete, sichere Umgebung sorgen.

Eine achtsame Wahrnehmungsweise gibt den kindlichen oder deinen Bedürfnissen den Vorrang vor dem Abhaken von To-do-Listen, die unseren Alltag bestimmen können. So kannst du auch dein ureigenes Bauchgefühl wieder besser hören. Du erlebst dich in deiner Elternrolle als kompetent und selbstsicher und in dem Bewusstsein, dass ihr beide – du und dein Kind – in einem steten Wachstums- und Entwicklungsprozess unterwegs seid.

Mehr Achtsamkeit – weniger Stress

Achtsamkeit kommt nicht von allein. Du musst dich bewusst um diese innere Haltung bemühen. Achtsamkeit hat also viel mit Aufmerksamkeit zu tun, ist aber noch ein bisschen mehr, nämlich eine Art von Aufmerksamkeit, derer wir uns bewusst sind. In achtsamen Momenten wissen wir genau, was wir tun, und wie wir dabei fühlen.

Immer bewusster und immer entspannter zu werden und dabei mehr Lebensfreude zu spüren ist dann möglich, wenn wir im Alltag weniger automatisch funktionieren. In einer Zeit, wo alles schnell gehen soll und wir ständig mit Reizen überflutet werden, hilft dir Achtsamkeitstraining dabei, Schwerpunkte zu setzen, euer eigenes Tempo und mehr Gelassenheit zu finden. Nur wenn du gut für dich selbst sorgst, kannst du auch präsent und einfühlsam für dein Baby da sein.

 TIPP: AUGEN AUF FÜR DAS GLÜCK IN KLEINEN DOSEN

Schule deine Wahrnehmung und lenke deine Aufmerksamkeit auf kleine Glücksmomente, die dir jeden Tag am Rand deines Lebensweges begegnen. Nimm sie bewusst wahr. Sorge regelmäßig für kleine Auszeiten für dich selbst, genieße Familienzeit ganz bewusst und werde zum Babybeobachter, indem dein Herz wahrnimmt, was dir geschenkt ist – denn nichts davon ist selbstverständlich:

- Sieh das pausbäckige, strahlende Lächeln deines Kindes.
- Fühle seine kleine Hand in deiner, wenn du es durch die Welt führst.
- Spüre sein Vertrauen, wenn es sich an dich schmiegt und Nähe tanken möchte.
- Genieße es bewusst, wenn dein kleiner Schatz seine Arme um deinen Hals schlingt.
- Atme den Duft seiner Haare ein, wenn ihr zum Buchanschauen kuschelt.
- Beobachte seinen entspannten Gesichtsausdruck, wenn es schläft.

Die Essenz der Eltern-Kind-Beziehung

Neun Monate lang träumen wir sehnsuchtsvoll vom Nachwuchs, den wir freudig erwarten, und malen uns zumeist in schillernden Farben aus, wie es sein wird – unser Kind. Ist es geboren, dann merken wir recht rasch, dass der Neuankömmling unsere Welt ganz schön auf den Kopf stellt und nicht immer so engelsgleich ist, wie wir erhofft hatten. Dann fangen die neuen Herausforderungen an, an denen keine Eltern vorbeikommen. Aufhören werden sie auch dann nicht, wenn unser Kind als junger Erwachsener das heimische Nest verlässt. Bis dahin und sogar darüber hinaus können wir uns nie ganz frei machen von der uns nun stets begleitenden Sorge, ob wir es schaffen, dass unser Sprössling einmal ein guter, glücklicher und im Leben erfolgreicher Mensch werden wird.

Wir bemühen uns redlich, alles in unseren Kräften Stehende zu tun, damit dies gelingt. Und damit geht es meist los mit der „Erziehung". Die sich selbst auferlegten, damit verbundenen hohen Erwartungen an die eigene Elternrolle scheinen dies von klein auf zu erfordern, genauso, wie es die gut gemeinten, aber dennoch meist unbrauchbaren „Ratschläge" des Umfeldes suggerieren.

Und es folgt die – manchmal recht ernüchternde – Feststellung, dass das Leben als Familie regelmäßig doch in andere Richtungen läuft als erträumt und Kinder sowieso meist andere Pläne haben als ihre Eltern.

Verliere dabei nie aus dem Blick, dass dein Kind schon von Anfang an ein liebenswerter, erfolgreicher und glücklicher Mensch ist. Liebenswert, so wie es ist, erfolgreich in allem, was es angeht vom Krabbeln übers Laufen bis hin zum Sprechenlernen und vielen weiteren Fähigkeiten, die es in den nächsten Jahren entdecken und lernen wird. Und ohne Frage ist dein Kind auch von Anfang an glücklich. Im Grunde brauchst du nur dafür zu sorgen, dass das alles so bleibt.

Natürlich hat das Leben mit Kindern phasenweise, zum Teil täglich neue Hürden und Stolpersteine zu bieten. Ich wünsche euch aber von ganzem Herzen, dass ihr diese erfolgreich überwinden oder mit vereinten Kräften aus dem Weg räumen werdet, damit rückblickend einmal Liebe, Wertschätzung und Dankbarkeit die Quintessenz eurer Eltern-Kind-Beziehung sind, die als erdbebensichere Grundpfeiler dein Kind ins und durchs Leben tragen werden.

DANKSAGUNG

Ein Buch ist selten das Produkt nur eines Menschen. Ich schätze mich sehr glücklich, über viele Jahre schon mit Fachfrauen und engagierten Müttern aus den verschiedensten Bereichen zusammenarbeiten zu dürfen, die mich fortlaufend inspirieren. Danke, dass wir uns gegenseitig immer wieder neu befruchten und bereichern! Besonders möchte ich an dieser Stelle all den lieben KollegInnen im Zwergensprache-Netzwerk danken, die meinen Weg begleiten und mich meine Arbeit als Berufung erleben lassen. Ein besonderes Dankeschön für ihre Anregungen und Beiträge gilt Katharina Morgenstern, Judith Böhnke, Jana Herout, Anke Nagel, Nina Simons, Christina Lobsiger, Ramona Baasch, Karin Patton, Camilla Leithold, Betty Bier, Andrea Gruber, Anna Stammler, Lucia Schneider, Ariane Michel und meiner Fotografin Katja Dohnke.

Eine große Freude ist es für mich stets, wenn Familien die kommunikativen Erlebnisse mit ihrem Nachwuchs mit mir teilen und großzügig auch andere daran teilhaben lassen. Eure Erfahrungen und so manche Impression eurer Kinder im regen Gespräch mit ihrem Umfeld bereichern dieses Buch auf besonders zauberhafte Weise! Danke für die Vielzahl der zur Verfügung gestellten Beiträge, die leider gar nicht alle Platz finden konnten. Ich schätze dennoch jeden einzelnen!

Und zum Schluss möchte ich natürlich noch meiner eigenen Familie von ganzem Herzen Dank sagen für die Geduld und den eingeräumten Freiraum an unzähligen Schreibtagen im vergangenen Jahr. Ohne meine Kinder wäre mir die Welt der Babysprache wohl nie so ans Herz gewachsen. Dass ich euch nah sein durfte von klein auf, bestärkt mich in dem Wunsch, dazu beizutragen, dass möglichst viele kleine Menschlein sich ebenfalls von Anfang an verstanden fühlen können.

Mamasein
für Anfänger

- Der ehrliche Ratgeber für werdende und frischgebackene Mamas

- #realtalk: Mamasein unzensiert

- Alles, was eine Mama wissen sollte: Was passiert bei der Geburt? Welche Belastungen kommen zu Hause mit dem Baby auf mich zu? Wie werden wir eine glückliche und zufriedene Familie?

Nele Hillebrandt

Mama sein

224 Seiten
14,5 x 21,5 cm, Softcover
ISBN 978-3-86910-644-1
€ 19,99 [D] / € 20,60 [A]

Der Ratgeber ist auch als eBook erhältlich.

Bibliografische Information der Deutschen Nationalbibliothek
Die Deutsche Nationalbibliothek verzeichnet diese Publikation in der Deutschen Nationalbibliografie; detaillierte bibliografische Daten sind im Internet über http://dnb.ddb.de abrufbar.

ISBN 978-3-86910-642-7 (Print)
ISBN 978-3-86910-657-1 (PDF)
ISBN 978-3-86910-658-8 (EPUB)

stock.adobe.com:
Seite 14: (1) ThorstenSchmitt, (2) STUDIO GRAND OUEST, (3) lemuana, (4) Renee Jansoa, (5) Monika 3 Steps Ahead, (6) tiagozr, (7) Kevin Mayer
Seite 15: (1) Gewoldi, (2) Nicole Effinger, (3) Irina Schmidt, (4) LanaK, (5) g0d4ather, (6) Irina Schmidt, (7) tiagozr, (8) Kitty
Seite 18: (1) detailblick-foto, (2) Manuel Tennert, (3) cristovao31
Seite 19: (1) Andrej Porochnenko, (2) Filip Warulik
Seite 39: (1) juan_aunion, (2) juan_aunion, (3) juan_aunion
Seite 40: (1) Svetlana Fedoseeva, (2) t.tomsickova@seznam.cz
Seite 42: (1) Karuzela Studio
Seite 43: (1) Karuzela Studio, (2) Karuzela Studio
Seite 49: Cello Armstrong
Seite 50: (1) petunyia, (2) Valua Vitaly, (3) Andrey Kuzmin
Seite 51: (1) tata99may, (2) Alex Tihonov
Seite 52: (2) petunyia

Originalausgabe

© 2019 humboldt
Eine Marke der Schlüterschen Verlagsgesellschaft mbH & Co. KG,
Hans-Böckler-Allee 7, 30173 Hannover
www.schluetersche.de
www.humboldt.de

Baby Language von DBL und DBL sind alleiniges Eigentum der Dunstan Baby Language USA.
Alle Rechte vorbehalten.
Patent ausstehend.
Dunstan Baby Language ist ein eingetragenes Markenzeichen.

Lektorat: Berit Lina Barth, Mössingen
Covergestaltung: ZERO Werbeagentur GmbH, München
Covermotiv: Shutterstock – FamVeld, Liashenko Iryna, art marta, Guz Anna
Layout und Satz: PER MEDIEN & MARKETING GmbH, Braunschweig
Druck und Bindung: gutenberg beuys feindruckerei GmbH, Langenhagen